LES
CAPRICES DE MARIANNE
1833

NOTICE

Ce qui se passait en 1833. — EN POLITIQUE. — En France :
*Règne de Louis-Philippe, ministère de Broglie, Thiers et Guizot.
Organisation de l'enseignement primaire par la loi Guizot. Ozanam
fonde la Société de Saint-Vincent-de-Paul.* — En Angleterre : *fondation de la Trade Union d'Owen et du Mouvement d'Oxford ;
création de l'inspection du travail des enfants ; lois de coercition contre
l'Irlande.* — En Espagne : *mort de Ferdinand VII (août), sa fille
Isabelle lui succède ; début de la révolte carliste (29 septembre).* — En
Italie : *conspiration de Mazzini contre Charles-Albert.* — En Orient :
*traité turco-égyptien de Koutaïeh (8 avril) qui consacre la mainmise de
Méhémet-Ali sur la Syrie ; par le traité d'Unkiar-Skélessi (8 juillet),
la Russie garde le contrôle des Détroits. Suppression du privilège de
la Compagnie anglaise des Indes. Fondation de la Société américaine
antiesclavagiste. L'Eglise grecque devient indépendante du patriarche
de Constantinople. Grégoire XVI organise les missions en Océanie.*

EN LITTÉRATURE : *Michelet commence à publier son* Histoire de
France. *Balzac :* Eugénie Grandet. *Victor Hugo :* Lucrèce Borgia;
Marie Tudor. *George Sand :* Lélia. *A. de Musset compose* André
del Sarto *(drame)*, Rolla; *en automne, début de sa liaison avec
George Sand, et, en décembre, départ pour l'Italie. Lamartine, élu
député à Bergues (Nord), revient d'Orient. Publication du Second
Faust de Gœthe. Heine, à Paris depuis 1831, publie en français ses
feuilletons sous le titre* De la France. *Pouchkine :* la Révolte de
Pougatchev.

DANS LES SCIENCES ET DANS LES ARTS : *Gauss invente le télégraphe
électrique ; études de Faraday sur l'électrolyse. Ingres :* Portrait de
Bertin aîné. *Barye :* Lion au serpent; *Rude commence son groupe de
la Marseillaise. Naissance du peintre Bonnat et du musicien Brahms.
Mort de Herold ; Bellini, installé à Paris, achève les Puritains. Wagner
écrit son premier essai dramatique, les Fées.*

Les essais dramatiques de Musset avant 1833. — *Les Caprices
de Marianne* représentent dans l'œuvre dramatique d'Alfred de
Musset la première réussite profondément originale, il importe de
voir par quels tâtonnements successifs le poète s'est élevé à une
conception si neuve de l'art théâtral.

Musset avait eu très tôt la vocation et l'instinct du théâtre, et déclarait dès 1827 : « Je voudrais être Shakespeare ou Schiller »[1]. Les *Contes d'Espagne et d'Italie* offrent déjà, dans *Don Paez* ou *Portia*, des actions complètes, des caractères analysés, des dialogues vivants et justes de ton : on a plus d'une fois l'impression de se trouver en face d'esquisses dramatiques. Ce recueil contenait d'ailleurs une petite pièce, *les Marrons du feu*, qui annonce les chefs-d'œuvre de demain : le héros, Raphael Garucci, blasé, las de la Camargo, parle déjà comme le fera Octave ou, plus tard Valentin Van Buck.

Musset tente ensuite directement sa chance dans la voie où l'appelle une « illustre préface[2] », et essaye de rivaliser avec Alexandre Dumas (*Henri III et sa cour*, 1829), Alfred de Vigny (*le More de Venise*, 1829) et Victor Hugo (*Hernani*, 1830). Tout l'y incite : aspirations de jeunesse, dédain qu'il ressent pour les audaces tapageuses de ses premiers vers, besoin profond de renouvellement. Il écrit alors *la Nuit vénitienne* et *la Quittance du diable*[3], pièces en un acte. Il y accumule tous les procédés à la mode : exotisme, fantastique, mélange des genres, héros fatals et révoltés à la psychologie élémentaire, intrigue complexe, décor de pacotille (poignards, incendies, costumes magnifiques, canaux et gondoles, fanfares, clairières dans la forêt, balcons et sérénades) : non point volonté parodique, mais timidité de débutant qui utilise les recettes du jour. Cependant, dans la première au moins, le caractère du prince d'Eysenach est analysé avec goût; c'est déjà un de ces doubles de lui-même que Musset multipliera dans son théâtre; l'action est équilibrée, le dialogue capricieux et ironique : ce sont bien les qualités maîtresses qui brilleront dans les pièces postérieures.

On sait l'échec que subit en 1830 *la Nuit vénitienne* à l'Odéon et l'incident burlesque[4] qui provoqua (en partie seulement) la chute de la pièce : la critique du temps fut féroce. Les conséquences considérables de cet insuccès ont souvent été notées : devant l'accueil fait à sa comédie, le poète s'obstine pas et ne songe plus à se faire représenter; il reste silencieux pendant près de deux années, réfléchissant sur son art et définissant son idéal. Lorsqu'il écrit à nouveau pour le théâtre, son insouciance des contraintes scéniques ouvre la période la plus riche et la plus originale de sa production dramatique (de 1833 à 1845 environ) : c'est le *Spectacle dans un fauteuil*, formule qui, plus qu'un titre, est le résumé même de son programme. Analyser l'âme humaine à travers ses passions (en particulier l'amour, la plus universelle), sincèrement et à l'abri de

1. Lettre à Paul Foucher (le beau-frère de Victor Hugo); 2. La *Préface de Cromwell* (1827) : voir ce qu'en pense Musset dans la première *Lettre de Dupuis et Cotonet*; 3. Publiée seulement en 1914; 4. L'actrice jouant Laurette, s'appuyant sur un treillage dont la peinture n'était point sèche, se retourna vers le public « toute bariolée de carreaux verdâtres, depuis la ceinture jusqu'aux pieds ».

toutes conventions (aussi bien des « règles » traditionnelles que des préjugés de l'école romantique), en tracer une peinture lyrique plutôt que réaliste, en dégager cependant un enseignement moral, voilà l'idéal que se propose Alfred de Musset, et ses maîtres seront Racine et Shakespeare, pimentés des grâces de Marivaux. « Dès lors, le théâtre de Musset se définit dans ses trois éléments fondamentaux : il s'agit d'une étude de psychologie humaine, et singulièrement de la passion, sous ses aspects les plus constants, voilà l'héritage racinien ; menée en toute liberté dans un mouvement frémissant et divers, dans l'atmosphère de libre fantaisie, voilà l'apport shakespearien ; et où l'auteur, suivant les impulsions et les caprices de son cœur, ne craindra pas de se glisser lui-même, voilà la part du lyrisme ou, si l'on veut, de la confession[1]. »

Cette esthétique se fait jour dans *la Coupe et les lèvres*, *A quoi rêvent les jeunes filles* (fin 1832), *André del Sarto* (début 1833), et trouve pour la première fois sa parfaite réalisation dans *les Caprices de Marianne*.

Analyse de la pièce. — ACTE PREMIER. — SCÈNE PREMIÈRE : Le jeune Cœlio s'est épris de Marianne, mariée au vieux Claudio, juge ridicule et mari soupçonneux. Vaines craintes d'ailleurs, dont ce dernier fait part à son valet Tibia, car la jeune femme, vertueuse et dévote, a repoussé tous les messages que lui a transmis l'entremetteuse Ciuta, de la part de Cœlio. Celui-ci, trop timide pour se déclarer, est au désespoir lorsque survient Octave, son plus fidèle ami, qui, par Claudio, est apparenté à Marianne : il va se faire auprès d'elle l'avocat de Cœlio. Ambassade inutile : la jeune femme ne veut pas être l'objet d'une passade et entend rester fidèle à son grotesque mari ; mais, au hasard de l'entretien, les deux jeunes gens, sans vouloir se l'avouer, se sentent inconsciemment attirés l'un vers l'autre. — SCÈNE II : Hermia, mère de Cœlio, essaie de dissiper la mélancolie de son fils et de provoquer ses confidences : mais il ne puise une amère consolation qu'à lui entendre narrer les malheurs d'un prétendant jadis éconduit par elle, triste mésaventure qui rappelle au jeune homme sa propre situation. — SCÈNE III : Cependant, Claudio se félicite devant Tibia de la vertu de son épouse, qui vient justement d'elle-même lui rapporter la déclaration faite par Octave au nom de Cœlio : mais il suffit qu'elle ne lui fasse point part de la réponse qu'elle y a donnée pour que tous les soupçons du vieux jaloux se ravivent.

ACTE II. — SCÈNE PREMIÈRE : Octave tente d'arracher son ami à sa tristesse et à sa passion, mais en même temps, devant la résistance de Marianne, il se pique au jeu. La voici qui paraît : mais c'est pour repousser à nouveau les avances d'Octave. Claudio, venant lui révéler qu'il a tout appris de la bouche même de Marianne,

---

1. P. Gastinel, Introduction au tome Ier (pp. XXV-XXVI) des *Comédies et Proverbes* (Paris, les Belles-Lettres, 1934).

achève la déconfiture du jeune homme, qui décide de noyer dans l'ivresse et le plaisir la mélancolie qui le gagne à son tour. Le voici attablé sous une tonnelle : Marianne reparaît, revenant de vêpres, toujours railleuse, mais subissant de sa part comme une mystérieuse attraction. — SCÈNES II et III : Ciuta rapporte le fait à Cœlio en le mettant en garde contre Octave, mais il y voit la preuve que ses affaires avancent. — Claudio aussi a été averti et adresse de brutales remontrances à sa femme. Cela suffit pour que, piquée, elle décide de changer de conduite et mande Octave : c'est à lui qu'elle songe pour tirer vengeance au détriment du front de Claudio, mais n'ose pas se déclarer franchement; Octave d'ailleurs résiste loyalement à la tentation et entend faire profiter Cœlio de ce soudain revirement. — SCÈNES IV et V : Il envoie donc Cœlio au rendez-vous et reste à boire et à fumer tout en philosophant sur l'aventure. Mais Claudio a posté deux spadassins : lorsque Cœlio arrive, Marianne met en garde celui que, dans l'ombre, elle prend pour son cousin. Cœlio, se croyant trahi, va s'offrir à la mort qui le guette : Octave, alerté par une missive de Marianne, arrivera trop tard. — SCÈNE VI : Marianne et lui se retrouveront devant l'urne funéraire de Cœlio; mais, désespéré d'une mort dont il est en partie, quoique involontairement, responsable, le jeune homme refusera l'amour qui s'offre à lui et dont seul était digne Cœlio.

Publication et représentation. — Le texte original, conçu pour la lecture avec la plus entière fantaisie, fut publié le 15 mai 1833 dans la *Revue des Deux Mondes*, six semaines après *André del Sarto* : les deux pièces ont été composées au début de l'année, et Paul de Musset, parlant de la comédie dans la *Biographie* de son frère, nous précise que le poète « écrivit ces deux actes avec un entrain juvénile, sans aucun plan : la logique naturelle des sentiments en tenait lieu ». *Les Caprices de Marianne* furent ensuite recueillis dans le premier volume de prose du *Spectacle dans un fauteuil*.

Dans cette première rédaction, la pièce est de celles qui auraient pu le moins tenter un metteur en scène. Aussi, à partir de 1847, lorsque, grâce en partie à Mme Allan-Despréaux, *Un caprice* ait été créé à la Comédie-Française avec le triomphal succès que l'on sait (27 novembre), fait-on d'abord affronter les feux de la rampe aux comédies qui paraissent plus aisément jouables, telles *Il ne faut jurer de rien* (juin 1848), *le Chandelier* (août 1848), *André del Sarto* (novembre 1848). Cependant, le tour des *Caprices de Marianne* vient assez vite : après le demi-échec de *Louison* (22 février 1849) et l'accueil réservé fait à *On ne saurait penser à tout* (3 mai 1849), la pièce fut créée, le 14 juin 1851, au théâtre de la République (nom que portait alors la Comédie-Française). Écrite depuis dix-huit ans, elle était « bonne à marier », comme disait plaisamment Musset d'*André del Sarto* : ce fut un vrai succès, presque aussi brillant que celui d'*Un caprice*, servi par une distribution de qualité (Madeleine Brohan dans le rôle de Marianne, et Delaunay, jeune premier passionné, admirable interprète des amoureux rêveurs imaginés par Musset) et sanctionné par une critique presque unanimement élogieuse.

Et pourtant, pour l'adapter aux nécessités de la représentation, Alfred de Musset avait dû remanier considérablement le texte primitif. Il a fait disparaître la figure pittoresque de la vieille Ciuta, l'entremetteuse, remplacée par Pippo, valet de Cœlio; supprimé le tableau final du cimetière; édulcoré ou rayé les répliques trop libertines placées dans la bouche du fantaisiste et incroyant Octave, modifiant grandement le caractère du personnage; il a retouché, et généralement affadi, les images imprévues, les audaces piquantes de la forme. Astreint à l'obligation du décor unique[1], il a bouleversé l'économie d'ensemble de l'œuvre, fragmenté les tableaux de la première rédaction, multiplié le nombre de scènes en les liant entre elles par l'insertion de quelques raccords. Nous avons ainsi un deuxième texte des *Caprices de Marianne*, la version scénique, qui passa dans les « Comédies et Proverbes » de 1853 et 1856.

Le tableau de concordance ci-dessous fera, mieux que de longues analyses de détail, saisir sur le vif les profondes divergences qui séparent les deux rédactions :

Acte Ier	1851	Sc. I à v	VI, VII (raccord)	VIII, IX, X		XI, XII	
	1833	Sc. I		III		II	
Acte II	1851	Sc. I à VIII	IX à XII	XIII	XIV, XV, XVI	XVII	XVIII	XIX, XX (raccord)
	1833	Sc. I	III	IV	V	IV	V	VI
		(La scène II disparaît totalement.)						

On sent combien se trouvent profondément bouleversés non seulement l'aspect extérieur de l'ouvrage et la conduite de l'action, mais aussi, fait plus grave, l'esprit même et l'atmosphère de la comédie (surtout pour le personnage d'Octave). Aussi donnerons-nous le texte de 1833, conçu dans une indépendance absolue à l'égard des contraintes scéniques, et seul représentatif des conceptions

1. Ainsi décrit : « Le théâtre représente une place publique. A droite, au premier plan, une grille de jardin, attenant à une maison, dont la porte d'entrée est près de la grille. Un balcon en saillie au premier étage, entre la porte et le tournant de la maison; une jalousie et un rideau masquent la fenêtre... A gauche, au premier plan, une auberge avec une tonnelle au devant, sous laquelle se trouvent une table et un banc. »

dramatiques de l'auteur en cette période de sa production[1]. On trouvera d'ailleurs, soit signalée en note pour les modifications de détail, soit rejetée en appendice pour les changements plus importants, l'indication des divergences entre les deux versions[2].

Les sources. — Il est impossible de découvrir l'origine des *Caprices de Marianne* dans une source livresque, comme pour *André del Sarto* et *Carmosine*, ou dans une anecdote vécue comme pour *le Chandelier* et *Un caprice*.

On serait tenté de rapprocher la comédie du drame sentimental de Venise, et de déceler une analogie entre le cas de Cœlio, trompé dans son amour comme aussi, le croit-il, dans son amitié, et la situation du poète entre George Sand et le docteur Pagello. A cela s'oppose la chronologie : la livraison de la *Revue des Deux Mondes* du 15 mai 1833 est de plus de deux mois antérieure aux débuts de la liaison célèbre.

Au reste, thèmes et situations identiques à ceux que met en œuvre la pièce se font déjà jour dans maint ouvrage antérieur de Musset : il a stigmatisé la perfidie et l'inconséquence féminines dans la comtesse Juana, la danseuse Camargo ou la comédienne Monna Belcolore; il a incarné l'amour sincère, pur et craintif dans Déidamia, Silvio ou le Prévan du *Roman par lettres* (inachevé), l'amour ardent et malheureux, bien souvent terminé par une mort tragique, dans *le Saule* ou *la Coupe et les lèvres*; des époux tués, raillés ou trompés dans *Portia*, *André del Sarto* ou *Mardoche* préfigurent Claudio; il a utilisé avec prédilection, bien avant le voyage de Venise et avant *Lorenzaccio*, les décors de l'Italie et l'époque du XVIe siècle; il a mis des rivaux en concurrence, à l'insu ou non, auprès d'une même femme : don Paez et don Etur dans *Don Paez*, Raphael Garucci et l'abbé Annibal Desiderio dans *les Marrons du feu*, Razetta et le prince d'Eysenach dans *la Nuit vénitienne*, André del Sarto et Cordiani (assisté de son ami Damien, qui essaie de le détourner de sa fatale passion, comme Octave la tentera auprès de Cœlio) dans *André del Sarto*; il a surtout tracé chez plusieurs de ces héros, sous de faux noms, sous des costumes d'autres temps, en des aventures imaginaires, une esquisse de son propre portrait et incarné certaines de ses aspirations les plus intimes.

On peut donc admettre que, dans *les Caprices de Marianne*, Alfred de Musset a tiré, sinon tout, du moins beaucoup de lui-même ; se contentant « de s'analyser le plus profondément qu'il peut..., il prend les tendances maîtresses de son propre caractère, les définit, leur insuffle la vie et les dresse l'une contre l'autre[3] », campant, en face d'Octave, le dandy libertin, l'amoureux sentimental, Cœlio.

---

1. Cf. ci-dessus, pp. 8-9 ; 2. La version scénique est désignée par l'abréviation : (1851) ou : en 1851 ; 3. P. Gastinel, *op. cit.*, p. 259.

Il n'a pas pour autant négligé toute inspiration littéraire. On a signalé un rapprochement possible avec un passage de *Zayde*, roman de Mme de La Fayette (publié en 1669 et 1671), où les similitudes sont discutables. En revanche, indubitables sont les emprunts shakespeariens. La donnée générale (qui influera sur le *Cyrano de Bergerac* d'Edmond Rostand) rappelle celle de *The Twelfth Night* (le *Jour des Rois*, 1601), où la comtesse Olivia s'éprend non du soupirant qui lui fait la cour, mais du page qu'il lui a délégué comme messager d'amour. Le dialogue d'Octave et Cœlio (I, 1) ressemble à la scène entre Protie et Valentin, au début des *Deux Gentilshommes de Vérone* (1592) ou aux confidences de Roméo à Benvolio (noter le nom), assaisonnées des moqueries de Mercutio, dans *Roméo et Juliette* (1592)[1]. Les noms de Claudio, Hermia, Malvolio, sont tirés de Shakespeare; ceux de Cœlio et de Rosalinde peuvent aussi en dériver[2]. La scène du cimetière évoque un tableau fameux de *Hamlet*. Enfin, la liberté de la structure, la fantaisie poétique du décor, ressortissent visiblement à l'esthétique du dramaturge élisabéthain. On pourrait allonger la liste invoquer la *Celestina*, de Fernando de Rojas (1475-1536), pour justifier le personnage de Ciuta (mais c'est un rôle traditionnel); retrouver dans les tirades chevaleresques de Cœlio la tradition des romans courtois : la charmante Marie de France a conté de tragiques aventures d'amour dans le lai d'Yonec ou dans le lai du Laostic (elle nous montre le chevalier veillant devant la fenêtre de sa dame dans le seul espoir de l'apercevoir : n'est-ce pas déjà l'attitude de Cœlio et son comportement sous le balcon de Marianne?). La *Celestina* a peint, dans les amours de Calixte et Mélibée, les effets tragiques de la passion de deux jeunes gens; *Roméo et Juliette* aussi, qu'une troupe anglaise avait joué en 1827-1828. Claudio combine en lui le comique pénible de l'Arnolphe moliéresque et la dignité du Peribañez, de Lope de Vega *(Peribañez et le commandeur d'Ocaña)*. Le thème de la jalousie conjugale s'incarne magistralement dans *Othello* (joué aussi en 1827-1828 par les acteurs anglais, et repris dans le *More de Venise*, d'Alfred de Vigny, créé en 1829) et trouve une dramatique réalisation dans le don Gutierre, de Calderon[3], que Musset admirait profondément[4]. On pourrait même alléguer quelques rencontres de détail avec Racine ou Marivaux[5].

Tout cela rattache Musset à une lignée dramatique illustre. Il n'en resterait pas moins que, mises à part les réminiscences shakespeariennes, l'essentiel des *Caprices de Marianne* est bien de l'invention de Musset : les richesses neuves et les résonances profondes de cette comédie, il les a puisées dans sa propre inspiration et dans son propre cœur.

---

1. Acte Ier, scènes II et IV; 2. Cf. p. 26, note 2; 3. Calderon (1600-1681), dans *El Medico de su honra* (le Médecin de son honneur); 4. Voir la dédicace en vers à Alfred Tattet de *la Coupe et les lèvres* ; 5. Nous les signalerons dans les notes.

L'action et l'art dramatique. — En dépit de leur titre léger, *les Caprices de Marianne* n'ont d'une comédie que les apparences extérieures. Une tragique histoire d'amour est le sujet de la pièce, le dénouement est sanglant, et si Musset mêle à une intrigue mélancolique quelques touches d'humour (cf. un dosage analogue dans *On ne badine pas avec l'amour*), c'est sans appuyer : rien de comparable avec les interventions burlesques, un peu grosses, du don César de Bazan de Victor Hugo. La pièce est d'une admirable unité de ton et d'une simplicité d'action toute classique.

Certes, on sera d'abord frappé, à la lecture, de la fantaisie et même du décousu de la comédie : les personnages entrent ou sortent sans raison bien apparente ; les scènes ne sont aucunement liées l'une à l'autre (surtout à l'acte I) ; les rôles secondaires venant s'interposer entre le public et les protagonistes dérivent parfois indûment sur eux l'attention. Le lieu principalement ne cesse de varier : partis, au premier acte, d'une rue devant la maison de Claudio, nous passons dans la demeure de Cœlio pour nous retrouver dans le jardin du juge ; au second acte, c'est d'abord la rue qui donne chez Claudio, avec un peu plus loin l'auberge et sa tonnelle, où s'attablera Octave ; puis une autre rue, puis on passe chez Claudio pour se retrouver chez Cœlio et aboutir enfin au jardin du mari jaloux ; après quoi, nous serons encore transportés au cimetière. Cadre imprécis, que poétisent quelques notations dispersées : la place, avec ses « petits arbres », où se rend à la nuit Cœlio pour donner la sérénade à sa belle, les bosquets du jardin où il trouvera la fin de ses peines et de sa vie.

Il semble en outre y avoir déséquilibre entre les deux actes : le second est plus étendu que le premier (vingt scènes contre douze dans la version de 1851) et surtout la matière en est plus abondante. Le premier ne comprend, outre l'exposition, que la vaine tentative d'Octave auprès de Marianne, puis, après une scène (II) qui paraît faire hors-d'œuvre, la révélation par la jeune femme à Claudio de la déclaration qui lui a été faite. Au second, deux entretiens entre Octave et Marianne précèdent la scène de ménage décisive qui provoque le revirement de la jeune femme et une nouvelle entrevue des deux jeunes gens ; Cœlio est envoyé au rendez-vous, cependant que les assassins sont apostés dans l'ombre ; Marianne adresse une lettre pour avertir Octave ; et c'est l'arrivée de Cœlio, la double méprise de Marianne et de lui, le guet-apens, la mort, la venue trop tardive de son ami. Là-dessus se surajoute le tableau final, comme une espèce d'épilogue. Il y avait bien en tout cela la matière de trois actes, au lieu de deux, et le principal de l'action se trouve condensé au second acte de la pièce.

Mais, à examiner les choses plus attentivement, *les Caprices de Marianne* offrent une nouvelle vérification de la formule racinienne : « ... une action simple, soutenue de la violence des passions, de la

beauté des sentiments et de l'élégance de l'expression[1] ». On obser-
vera que l'unité de temps est presque respectée : à part la scène VI
de l'acte II, nettement détachée de l'ensemble, toute l'action peut
tenir dans les vingt-quatre heures traditionnelles. Claudio quitte au
matin sa demeure, en se plaignant des guitares qui ont dû l'importuner pendant la nuit, pour se rendre à son office de juge et visiter
sa belle-mère ; il a fait mander un spadassin pour le soir même
(cf. I, I et III). Marianne est sortie pour la messe matinale ; c'est en
revenant qu'elle est arrêtée par Octave, qui a joyeusement fêté la
nuit avec sa mascarade et s'est entretenu avec Cœlio, lequel n'a
point passé non plus la nuit chez lui (cf. I, II). La fin de l'acte
premier nous conduit au terme de la matinée : Claudio a eu loisir
de faire ses différentes courses lorsque Marianne vient lui rendre
compte des déclarations d'Octave (I, III), et quand Hermia (I, II)
se préoccupe des apprêts du souper et s'inquiète d'un tableau acheté
le matin, le soleil de Naples est à son zénith, les jalousies doivent
demeurer closes pour entretenir pénombre et fraîcheur. Le jour
baisse, cependant que Marianne est à vêpres : c'est bien l'après-
midi du même jour, et une réplique d'Octave établit, au prix de
quelque incohérence[2], la liaison entre les deux actes. Cœlio a déclaré
avoir affaire en ville le soir (sans doute le souper prévu par Hermia) ;
puis c'est la fin des vêpres et la scène sous la tonnelle, « lorsque le
soleil est couché » (II, III) ; dans la soirée se produisent les remontrances de Claudio à sa femme et la convocation par celle-ci de son
cousin ; « la nuit est belle, la lune va paraître... » quand Cœlio part
vers l'aventure, et « il est nuit » lorsqu'il parvient au rendez-vous
avec la mort. Mais à ce cadre temporel étroit, que Boileau n'eût pas
désavoué, Alfred de Musset a su donner des prolongements : il y a
un mois que Cœlio s'est épris de la belle récalcitrante (cf. I, I
et II, III) ; Octave découche depuis huit jours. Surtout, plus pathé-
tiquement, est évoqué un futur qui ne viendra jamais[3].

Par ailleurs, sous ses apparences fantaisistes, l'action est menée
avec la plus implacable rigueur, par la logique même des sentiments.
Dès le début, nous sommes jetés *in medias res* et nous savons que
les entreprises antérieures de Cœlio, par l'intermédiaire de Ciuta,
ont échoué : l'acte premier procède à une exposition nonchalante
et succincte, qui ne laisse pourtant aucun point important dans
l'ombre, et l'action s'engage dès que, sous une bouffée d'air frais
qui dissipe les ivresses de la nuit, Octave se remémore son vague
cousinage avec la femme du juge. Cœlio lui a demandé secours,

---

1. Préface de *Bérénice*, 1671 ; 2. OCTAVE : « ... je ne sais trop ce qu'elle m'a
dit ce matin, je suis resté comme une brute sans pouvoir lui répondre... » Mais,
le matin (I, I), Octave a fort bien trouvé ses mots devant Marianne, c'est dans
l'après-midi seulement (II, I, au cours du premier entretien) que la jeune
femme lui a cloué le bec ; 3. Acte II, scène I, Cœlio à Octave : « Je te verrai
demain, mon ami » ; — acte II, scène IV, Octave à Cœlio : « ... tu me trouveras
probablement ici demain matin » ; — acte II, scène V, Marianne à Octave :
« ... demain... à midi... j'y serai ».

Octave est tout disposé à l'assister : ce parentage, c'est la perfide invite que leur tend à tous deux le destin, cruel pour l'un comme pour l'autre, car les espérances de Cœlio s'en trouvent ravivées, et Octave n'a jamais vu encore sa trop jolie cousine. La scène chez Cœlio ne constitue pas du tout un hors-d'œuvre : la complicité prévenante d'Hermia permet de mieux analyser les ravages de la passion dans le cœur de son fils, et l'évocation d'un douloureux passé est un dramatique avertissement du sort qui le menace. La confidence de Marianne à Claudio est une première péripétie, puisqu'elle ranime les soupçons prêts à s'éteindre du ridicule époux. A l'acte II, scène I, la première entrevue d'Octave et de Marianne semble doubler inutilement la scène parallèle du premier acte : il n'en est rien ; elle souligne à la fois le conflit de leurs caractères et l'instinctif attrait qui les pousse l'un vers l'autre ; certes, le jeune homme a encore le dessous dans cette passe d'armes, mais c'est Marianne qui a pris l'offensive, et cela ne rendra que plus frappant son revirement ultérieur. Leur second entretien dans la même scène (sous la tonnelle) est la deuxième péripétie : Cœlio, que Ciuta essaie de mettre en garde, y verra un présage favorable et partira donc sans réticence vers le rendez-vous fatal ; Claudio en prendra pretexte pour adresser de violents reproches à sa femme. Cette scène de ménage est le nœud de la crise et déclenche le dangereux caprice de Marianne. Dès lors, les événements se précipitent, la roue de la fatalité est en marche, rien ne pourra l'arrêter, pas même la lettre de la jeune femme à son cousin. De menus détails ont préparé l'atmosphère du drame : la nuit, aussi propice aux assassinats qu'aux rendez-vous galants ; les cloches des vêpres qui tout l'après-midi ont tinté comme un glas. C'est alors la tragique et double méprise : Marianne, toute à la pensée d'Octave, prend dans l'ombre Cœlio pour lui ; Cœlio se croit trahi par son meilleur ami et court au-devant de sa perte. C'est la fin sanglante que tout laissait pressentir et le lâche forfait dans l'ombre complice de la nuit. Au rythme haletant de ces scènes, Musset oppose savamment la mélancolie recueillie et la mélodie détendue du tableau final, epilogue en mineur qui donne à la pièce son véritable dénouement.

On voit donc avec quel art minutieux, sous leur apparent desordre, sont agencés les différents rouages de l'ensemble : la technique en est presque classique, et, pour mieux dire, essentiellement racinienne.

Les personnages. — Aucun personnage n'est indifférent, et même ceux dont l'apparition est fugitive sont croqués d'un trait juste et piquant : telles, quoique ne paraissant pas sur scène, la belle-mère de Claudio, qui soutient, sans doute par vanité, son gendre contre sa propre fille, et « la demoiselle rousse qui est toujours à sa fenêtre », bonne pâte de fille, avenante et rieuse, aimable consolatrice des chagrins d'Octave ; tel le garçon d'auberge tout disposé à s'aplatir servilement devant un cavalier qui parle fort.

Ciuta, l'inhabile entremetteuse, garde son sang-froid pour éloigner Cœlio (I, 1, début) lorsque paraît Claudio, et entend tirer son épingle du jeu (II, 1, début) quand l'entêtement d'Octave lui semble présager quelque issue inquiétante. Ce n'est pas sans certaine fourberie qu'elle s'immisce entre les deux amis. A Octave, elle glisse que Cœlio se défie de lui (II, 1); à Cœlio, elle essaiera d'insinuer (II, 11) que son ami le trompe. Vainement d'ailleurs : le jeune homme est trop obsédé par ses espérances amoureuses; mais, connaissant comme elle doit le connaître le caractère défiant de Cœlio (cf. I, 1, à la fin de son entretien avec Octave), c'est une entreprise criminelle qu'elle tente là, et les perfides propos de la vieille reviendront certainement à l'esprit de Cœlio lorsque, au soir, Marianne l'interpellera du nom d'Octave.

Malvolio, qui ne fait que passer (I, 11), est campé avec une individualité saisissante : vieux serviteur dévoué et bougon, il trouve que tout va de travers dans la demeure de ses maîtres; il en a gros sur le cœur et hoche la tête avec inquiétude; son silence seul est un blâme; mais, quand il essaie de parler, il se fait vertement rabrouer par sa maîtresse et en est réduit à aller grommeler dans un coin. Sommairement indiqué dans *Mardoche*, ce type trouvera son achèvement dans le vieux domestique Calabre, de *Bettine* (1851). Tibia est aussi nettement individualisé. Il forme avec Claudio un couple comique. Il accompagne partout son maître, portant la queue de sa robe de magistrat; confident de toutes ses pensées, il accueille les secrets, que lui confie tour à tour le jaloux sur le libertinage ou la vertu de son épouse (I, 1 et 11), avec le même *leitmotiv* poliment sceptique ou gourmandement alléché (« vous croyez, Monsieur ? »), qui trahit la naïveté du lourdaud. Il n'a pas l'air méchant : outre de niaises réponses destinées à détendre le spectateur, il oppose à Claudio, en faveur de Marianne, de gros arguments de bon sens populaire et semble l'avoir convaincu entre les scènes 1 et 111 de l'acte premier. Le même bon sens se retrouve dans les critiques qu'il adresse aux batteries dressées par son maître contre Cœlio[1]. Mais aussi il trouve que c'est « chose superbe à lire à haute voix » qu'un arrêt de mort; il se pourlèche avec une joie sadique à la supposition d'une condamnation vengeresse prononcée contre un éventuel amant de sa femme (si tant est qu'il soit marié); il aide son maître dans la défense de son honneur conjugal, mais trouve fort plaisant que le greffier du tribunal soit un mari trompé. Et puis, surtout, il n'hésitera pas à plonger traîtreusement son poignard dans le dos de l'infortuné Cœlio et à accomplir les basses besognes de bourreau. Tous ces traits antipathiques entourent cette figure, d'abord bouffonne, d'une sinistre auréole.

---

1. Dans la version de 1851, voir Appendice, 9, p. 76.

La même alliance de caractères se retrouve en Claudio. Son âge, son office (il est juge en cour royale et fait fi des simples juges de paix ou conseillers de justice [cf. I, III]), son costume et son maintien grave de magistrat lui composent une façade imposante; c'est sans sourciller qu'il accueille le titre de « sénateur » que lui décoche Octave (II, I). D'ailleurs, époux outragé ou en passe de le devenir, c'est un personnage noble du répertoire[1] : un Arnolphe qui aurait épousé Agnès ou, mieux, don Ruy Gomez da Silva marié à Doña Sol. Cet Italien de la Renaissance a un sens « castillan » de l'honneur conjugal. Il pourrait n'être que grotesque en sa jalousie exaspérée de vieillard solennel, et l'auteur ne s'est pas privé de lui prêter des ridicules : certes, il ne manque pas d'esprit; ses reparties « pleines de causticité », sans clouer le bec à Octave, méritent le « match nul » (II, I), mais, dans ses entretiens avec Tibia, on le voit soutenir avec une égale fermeté des opinions rigoureusement contraires sur le comportement de sa femme (I, I et III), puis se déjuger aussi vite qu'il s'est avancé et se laisser entraîner par les remarques de son valet, bien loin de l'objet propre de ses préoccupations. Il a des outrances séniles dans les plaintes, comme Arnolphe, et se donne devant sa femme, avec les menaces obscures qu'il brandit, une attitude passablement grotesque d'épouvantail ou de croquemitaine. Il est parfaitement odieux. Soupçonneux sans causes, il épie sa femme, guette ses arrêts sous la tonnelle de l'auberge et écoute probablement aux portes. Sans doute est-il près de ses sous; en tout cas, il possède un sens aigu de la hiérarchie financière et sociale. Il manque de franchise et quête contre sa femme l'appui de sa belle-mère. D'une révoltante brutalité de propos avec Marianne, il est au surplus lâche : préméditant son crime, le préparant soigneusement pour qu'il ne laisse pas de traces, il agit par la ruse, s'entoure de trois acolytes et, vraisemblablement, reste dans l'ombre sans y aller lui-même de son coup d'épée. Bien sûr, il triomphe par la mort de Cœlio, et Marianne peut s'attendre à un châtiment rigoureux. Mais la responsabilité de Claudio est gravement et doublement engagée dans les événements : époux trop âgé d'une trop jolie femme, il n'a rien tenté pour conquérir le cœur de Marianne et, à défaut d'un amour qu'il n'a pas su obtenir, devrait s'estimer heureux de sa fidélité; par ses stupides remontrances, il provoque le fatal revirement de son épouse et ce « caprice » qui coûtera la vie à Cœlio. Pour nous, la cause est entendue et le juge est jugé. Dessiné avec une admirable sûreté de trait, ce n'est pas une simple mécanique montée pour les besoins du rire, comme Irus *(A quoi rêvent les jeunes filles)*, le baron, Dame Pluche ou les deux abbés de *On ne badine pas avec l'amour*. Il reste un être humain et vivant, par ses mesquineries mêmes, et forme avec Tibia un couple amusant et terrifiant, dont se rapprocheraient, quoique moins inquiétants,

---

1. Voir les rapprochements indiqués ci-dessus, p. 13.

le prince de Mantoue et son aide de camp Marinoni, dans *Fantasio*[1].

Le caractère d'Hermia est peut-être le plus curieux et le plus complexe de la comédie. Veuve fidèle sans doute et certainement mère tendrement attentionnée, elle éprouve pour Cœlio une sollicitude inquiète et un peu envahissante. Elle a dû en sa jeunesse être une assez légère tête et n'agir trop souvent qu'avec irréflexion (cf. le roman de son mariage, acte I, scène II). Surtout, elle joue à la petite fille (cf. même scène, la réplique de Malvolio), cherche à se rajeunir par crainte d'être un fardeau pour le fils grandi, dont elle aimerait passer pour la grande sœur. Elle est dévorée d'une instinctive jalousie pour la rivale qui lui enlèvera le cœur de son enfant. En même temps, pour l'arracher à sa mélancolie, elle l'entoure d'une atmosphère de fêtes nocturnes et de gaieté factice, et glisserait facilement à une assez équivoque complicité et à des faiblesses fâcheuses : il s'insinue entre elle et Cœlio (de son côté seulement, et en toute inconscience) un élément trouble passible de la psychanalyse. Elle a le goût des arts et l'a inculqué à son fils (cf. le tableau acheté pour le cabinet d'étude); elle a le sens des réceptions, c'est une bonne maîtresse de maison qui pourrait être une mère accomplie et, pour Cœlio, un guide indulgent et charmant. Mais, obsédée par la pensée de cet unique enfant et la crainte de le perdre, elle finit par avoir une vision singulièrement erronée des choses, une existence faussée et un caractère détraqué (voir sa brusquerie envers Malvolio). On regrette que ces indications fugitives n'aient pas été approfondies par Musset.

Restent les protagonistes : Marianne, Octave et Cœlio. Marianne est définie par Octave (I, I) : « ... une mince poupée qui marmotte des *Ave* sans fin », puis (II, I) : « Quelle drôle de petite femme ! », et, plus loin (II, III), il dira d'elle : « O femme, trois fois femme ! ». Son physique n'est pas décrit, nous apprenons seulement qu'« elle a de beaux yeux », pleins de feu et de mobilité dans la colère. Quel âge peut-elle avoir ? guère plus de dix-neuf ans (cf. I, I). Élevée soigneusement, à l'abri d'un couvent (mais un couvent napolitain : ne songeons pas à une froide et sévère prison), elle y a contracté de régulières pratiques religieuses et reçu une solide formation morale. Elle invoque avec aisance (II, I) « l'honnêteté et la foi jurée », les excellents principes de l'« éducation d'une fille »; elle ne manque ni messe ni vêpres et passe par la ville « pour un dragon de vertu ». Reconnaissons-le, c'est un bien grand pas qu'Octave invite l'ex-demoiselle de pensionnat à sauter. Sérieusement endoctrinée par ses pieuses éducatrices, Marianne a puisé dans son couvent, comme Camille chez ses nonnes, bien des préjugés sur les dangers de ce monde et pas mal de fausses opinions sur les entraînements de la passion. Elle n'a été tirée de sa prison par sa mère, flattée de

---

1. Chronologiquement, la pièce suit immédiatement *les Caprices de Marianne*.

conclure une bonne affaire, que pour être jetée dans les bras d'un époux trop âgé qui, incapable d'éveiller ses sens et de gagner son cœur, la traite en petite fille et joue ridiculement les ogres. Victime de cette connivence entre sa mère et Claudio, quelles ont pu être ses rancœurs de petite mariée, on le devine (cf. II, I, premier entretien avec Octave). Ce n'est plus une Agnès : lorsqu'elle joue la surprise devant l'ambassade amoureuse (I, I), c'est avec une feinte naïveté. Elle n'a rien d'une oie blanche et possède bec et ongles pour se défendre : elle dame le pion en insolente raillerie à son trop entreprenant cousin, et tient tête aux gronderies de son vilain jaloux. Perspicace, son instinct a tôt fait de percer en Octave une évolution dont lui-même ne s'est pas encore avisé (II, III). Mais elle est moins savante qu'elle ne se l'imagine : elle peut connaître les réalités physiques qu'elle a subies, elle a encore à apprendre l'amour; Octave et Cœlio lui donneront cette leçon à laquelle elle est si mal préparée. Le trait dominant de son tempérament est une agressive impulsivité[1] qui justifie le titre de la comédie. Comme une petite chèvre folle et têtue, elle se laisse aller au gré de ses caprices : caprice que sa résistance aux sollicitations de Ciuta et d'Octave (puisqu'elle ne saurait aimer réellement son mari); caprice que ce retour qui la ramène, papillonnante et railleuse, auprès de son cousin sous la tonnelle; caprice encore qui la bute contre les admonestations de Claudio et lui fait rappeler Octave après l'avoir envoyé au diable; caprice enfin qui, lorsqu'elle décide de prendre amant, la pousse à refuser celui qui est passionnément épris d'elle (cf. II, III à la fin). Inconsciente et écervelée, elle joue avec le feu, non sans le secret désir que son époux, informé, souffre de ses trahisons : mais aperçoit-elle seulement le risque tant pour elle que pour autrui ? Comment peut-elle prévenir si tardivement Octave ? Un minimum de réflexion ne lui aurait-il permis d'écarter le péril ? Que de légèreté! En vérité, elle a le charme et la cruauté naïve des femmes qui ont fait souffrir Musset lui-même : Marianne est Parisienne plus que Napolitaine. Peut-on lui être indulgent ? Elle a pour elle la grâce de sa jeunesse, la vivacité de son esprit, la spontanéité franche de ses réactions; livrée à elle seule, elle a des excuses et n'est point, en tout cas, l'unique coupable. Mais elle a reçu en partage un fatal présent, sa beauté; par son inconséquence et sa légèreté, elle causera la mort d'un homme; après quoi, elle poussera l'inconscience jusqu'à s'offrir crûment à Octave (II, VI). Son juste châtiment, ce ne sont pas les obscures menaces de Claudio, c'est la terrible réplique finale de son cousin. Musset n'a que vingt-trois ans lorsqu'il trace ce portrait; il n'a pas assez d'expérience pour que le personnage échappe totalement à l'artifice, et la « logique *a priori* » d'une féminité conventionnelle aurait pu conférer à ce caractère de jeune femme fantasque et inconsciemment cruelle

---

1. Cf. le mordant de ses répliques à Octave ou à Claudio, et la façon dont elle passe ses nerfs sur le mobilier.

quelque irréalité. Et pourtant, il n'en est rien ; véritable gageure, l'héroïne, par ses sautes d'humeur mêmes et son comportement déconcertant, reste vraiment humaine : miracle de l'intuition... Le personnage fait groupe avec Lucretia del Fede, l'épouse infidèle d'André del Sarto (Marianne n'est pas infidèle, mais on peut prévoir qu'elle aura un jour l'occasion de le devenir en fait), avec Jacqueline du *Chandelier*[1], mais surtout avec Camille : même éducation, identique fierté, semblable défiance de la passion et analogue exigence d'un amour absolu, mêmes sautes d'humeur et mêmes libertés de langage ; l'issue sera, de leur faute, pareillement fatale pour l'être pur qui s'est engagé tout entier, Rosette ou Cœlio ; et Camille et son cousin resteront à jamais séparés par un innocent cadavre, tout comme Octave et sa cousine.

Octave et Cœlio ne peuvent être dissociés : ils sont deux aspects d'un seul individu, de Musset lui-même. Cela n'avait point échappé à l'auteur ni à son entourage ; il déclare dans une lettre à George Sand, après la rupture de Venise : « ... il y avait en moi deux hommes, tu me l'as dit souvent, Octave et Cœlio... » ; et déjà, dans une lettre à la même de juillet 1833, il disait : « Vous souvenez-vous que vous m'avez dit un jour que quelqu'un vous avait demandé si j'étais Octave ou Cœlio, et que vous aviez répondu : tous les deux, je crois ? » Octave est au centre de la pièce. Cœlio a un rôle plus effacé : il n'est un peu qu'un postulat au départ de la comédie. Jeune encore, il a jusqu'ici vécu replié sur lui-même, dans l'atmosphère de goût et de luxe dont l'entoure sa mère, en ce « cabinet d'étude » qu'il déserte à présent ; ignorant tout de la vie, il a une ingénuité charmante mais dangereuse qui le livre à Ciuta, laquelle n'a pas manqué d'en tirer profit. C'est une cire vierge, et la première femme sur laquelle il ait au sortir de ses livres levé les yeux, Marianne, à la beauté fatale, s'est soudainement et totalement emparée de son être. Les traits de son caractère, épars tout au long de la pièce, sont rassemblés en faisceau par Octave au tableau final : pur et tendre, sincère et spontané, partagé entre la crainte et l'espoir, il cultive et choie sa mélancolie ; il a la prescience et le goût du malheur, et comme une complaisance morbide à sa tristesse (I, II) ; il est à la fois plein de défiance douloureuse (I, I) et empreint d'une confiance qui va jusqu'à l'aveuglement (II, II). Ce « furieux désir d'être aimé, joint à la maladie du doute », voilà les données fondamentales de son caractère, voilà le mal qui le torture : mal trop perspicacement étudié pour n'être pas celui même de Musset. Nous en avons confirmation, car Cœlio n'est pas un isolé parmi les jeunes premiers du poète : aspirations à un amour épuré de toutes contingences matérielles, conscience douloureuse, presque hallucinatoire, de l'amère solitude des cœurs, tout cela, qu'il exprime

---

1. « La victoire de Fortunio, c'est comme la revanche de Cœlio, ce Cœlio si malheureux et si épris lui aussi... » (M. Allem : Introduction au tome Ier des *Comédies et Proverbes*, p. 13, Garnier, 1950.)

si fortement (II, II : monologue), se retrouve dans *André del Sarto*, de peu antérieur, et dans *Fantasio*, de peu postérieur, surtout dans *la Nuit de décembre* et *la Confession d'un enfant du siècle*. Mais le héros le plus proche de Cœlio reste bien le Fortunio du *Chandelier* (cf. II, IV et VI) : les ressemblances, jusque dans le détail des situations, sont notables entre eux, et Cœlio se précipite dans le « guet-apens », se croyant trahi, comme s'y serait précipité Fortunio, se sachant trahi par le « caprice d'une femme fausse et déloyale » (cf. *le Chandelier*, III, IV). Ajoutons le comte dans *Il faut qu'une porte soit ouverte ou fermée* et le baron de *l'Ane et le Ruisseau*. Personnage éminemment lyrique, Cœlio a naturellement des élans de poésie ; naïf, timide et gauche, tendrement dévoué, chevaleresque, mais faible de volonté, instable et prêt à renoncer (non à son rêve, mais à l'action lui permettant de le réaliser), désenchanté et comme flottant en marge de la vie, il possède des traits si intimement typiques de Musset qu'on ne peut s'arrêter aux apparences de romantisme conventionnel que lui prêtent les attitudes d'une sentimentalité outrée. Le jeune homme est bien un « type » propre au théâtre de Musset, mais un type en lequel l'auteur s'est exprimé sans fard.

Octave n'est pas une face moins sincère du tempérament de Musset. Un peu plus âgé que son ami, il a davantage vécu et appris auprès des Rosalindes plus que Cœlio dans ses livres ou ses tableaux. Aussi, se targuant de cette expérience discutable (puisque forcément partielle) de bambocheur, joue-t-il volontiers au frère aîné et prend-il, en toute sincérité, des airs de supériorité protectrice : ses échecs devant Marianne n'en seront que plus plaisants. Ami loyal et dévoué, il s'engage entier dans la lutte et met tout en œuvre pour réussir. Opiniâtre, il se pique au jeu contre la résistance entêtée de Marianne : il y a dans les arguments moraux de la jeune femme quelque chose qui lui échappe et qui, par conséquent, l'attire. Joueur, buveur, noceur, il prend les jours comme ils viennent, sans se compliquer les choses : sa vie est un miroir « sur lequel tout glisse » (I, I). Cette insouciance sceptique ne le rend pas antipathique : il a de l'esprit comme Perdican, Fantasio et le prince d'Eysenach ; il revendique en faveur des droits de la passion, de la jeunesse, il plaide pour la liberté et le bonheur ; et sous son ironie élégante se dissimule un riche fond de sensibilité. Il affiche en maint passage un libertinage philosophique (atténué dans la version de 1851). Cette incroyance est-elle profonde[1] ? Peut-être simple attitude « chic » de dandy ; peut-être aussi bravade qui est le signe d'un authentique désarroi religieux. Aussi voit-on, en quelques tirades, cette confession d'un débauché prendre un accent singulièrement émouvant. Son amitié pour Cœlio prête à son

---

1. Cette attitude est bien celle de Musset en cette période, et les corrections qu'il apportera à son texte en 1851 correspondent non à un conformisme prudent, mais à l'évolution intime de ses croyances.

éloquence en face de Marianne des accents si convaincants qu'il y est lui-même pris; après avoir, en faveur de son ami, « singé » la passion, il finit par ressentir devant la radieuse beauté de la jeune femme des sentiments qu'il n'avait jamais éprouvés, et se retrouve finalement amoureux (de même Lorenzaccio après avoir pris le masque du vice découvre qu'il en est la proie). Octave aime donc Marianne sans le s'avouer; mais son amitié lui interdira toute tentative déloyale, et il se rend trop bien compte de ce qui les sépare, Marianne et lui : son passé, leur caractère à tous deux (cf. II, ɪv : « Comme tu m'aurais détesté, Marianne, si je t'avais aimée ! »); il sait trop aussi que ce ne peut être qu'un jeu, une passade, l'attrait sensuel qui les réunirait (cf. le mot de la fin : « Je ne vous aime pas, Marianne; c'était Cœlio qui vous aimait »); quoiqu'on puisse le comprendre différemment : cet amour sincère, c'est pour Octave le salut et le ciel entrevu, mais il y renonce par expiation, parce que la mort de Cœlio est entre eux à tout jamais, et cette réplique, d'une brutalité voulue, est la pirouette désespérée de qui coupe les ponts derrière soi. Octave est lucide, trop lucide pour pouvoir être jamais heureux; sa gaieté est le masque dont il s'étourdit pour ne pas voir au fond de son âme. Libertin désenchanté, vieilli avant l'âge, il rappelle Frank *(la Coupe et les lèvres)*, Garucci et l'abbé Annibal *(les Marrons du feu)*, Mardoche, Rolla *(Rolla* a été écrit à la même époque); il laisse pressentir surtout Lorenzo. En dépit de son « byronisme » extérieur, lui non plus ne peut prêter à confusion; comme Cœlio, c'est un « type » caractéristique du théâtre d'Alfred de Musset, mais tout comme en Cœlio le poète s'est en lui exprimé sans le moindre fard. L'âme la plus intime de l'auteur est la somme de ces deux êtres contradictoires

Le romantisme et l'art. — Qu'apparaît-il dans *les Caprices de Marianne* des caractéristiques externes du romantisme? Peu de chose en vérité. Inobservance des règles? L'unité de temps est presque respectée, l'unité d'action l'est parfaitement, « dans le mouvement des plus pures tragédies classiques[1] ». — Alliance du burlesque et du tragique? Si l'on veut, mais le second élément prédomine largement, le premier n'est jamais appuyé; c'est la même structure que dans *On ne badine pas avec l'amour* : élimination progressive du comique pour aboutir de façon de plus en plus pressée à l'inéluctable dénouement sanglant. Couleur locale? Bien sûr, c'est Naples, les sérénades sous les balcons, le chaud soleil qui dore les grappes et exaspère les passions; la *piazzetta* sous les petits arbres; plus loin, le Vesuve dominant la baie splendide, les vignes qui grimpent à ses flancs; c'est toute une atmosphère méridionale de chansons, de guitares, de rendez-vous nocturnes et de drames

1. J. Nathan, éd. de *Lorenzaccio* (collection des Classiques Larousse), Notice, p. 12 : on pourrait appliquer à notre comédie toute la fin de ce paragraphe concernant le drame.

secrets. Mais où est le XVIᵉ siècle en tout cela ? Le cadre n'est que fort sommairement évoqué[1], et le poète s'en soucie si peu que dans cette pièce napolitaine il n'y a pas la moindre notation marine, qu'il laisse échapper quelques étourderies (Octave fume du tabac turc dans une pipe et boit du vin à 15 sous la bouteille) et que ses Italiens parlent plus souvent comme des Parisiens de 1830. Et le vers « libre, franc, loyal,... » etc.[2] ? La pièce est écrite en prose.

Il faut cependant souligner la hardiesse des changements incessants du lieu[3], qui devance les techniques du cinéma. Il faut admettre que Claudio pérorant devant Tibia ou la « drôle de petite femme » bousculant les chaises créent de savoureux contrastes avec les ardentes rêveries de Cœlio et le dandysme byronien d'Octave. Il faut reconnaître qu'une ambiance existe et que le décor, si faiblement esquissé soit-il, influe sur les sentiments des personnages[4].

Mais surtout la pièce met en œuvre les éléments les plus intimes de l'état d'âme romantique. L'amour est pour ces personnages la seule raison de vivre : ils proclament bien haut les droits imprescriptibles de la passion et font fi des barrières de la société ou de la religion ; ils vivent isolés, sans situation bien définie, sans famille même (Octave) ; ils repoussent toute contrainte et se moquent de toutes les incarnations de l'autorité (Claudio, représentant de l'honneur conjugal et de la magistrature) : ce sont des êtres jeunes, comme leur auteur[5]. Leur amour ne saurait être qu' « une passion fatale, insurgée contre toute autorité, triomphant de tous les obstacles, insatiablement avide de larmes et de sang[6] » ; cette « fatalité sanglante » tue Cœlio et Rosette, manque tuer Fortunio, comme elle frappe Hernani, Doña Sol, Chatterton ou Manfred. Enfin, au travers de ces êtres, l'auteur s'exprime tout entier, se contentant pour peindre Octave ou Cœlio de se décrire lui-même. De là ce lyrisme si neuf : « Il ne s'agit pas, en effet, de prêter aux personnages la magnificence d'un verbe et d'un mètre qui n'appartiennent qu'à l'écrivain, pas davantage d'exalter, à travers eux, des sentiments, une thèse qui lui sont chers. Non : il s'agit de s'incorporer à ces héros, de jeter son propre cœur tout vivant sur le plateau[7]. »

Ce lyrisme s'exprime en un style aérien, aux impertinences acidulées, qui a la légèreté d'un champagne pétillant. Le vocabulaire est usuel, la syntaxe très pure ; peu de simples jeux de mots, mais souvent le jeu sur les mots, ou le coq-à-l'âne, sans jamais insister. Les images sont neuves et hardies ; les comparaisons, parfois longuement poursuivies, prennent volontiers une allure de symbole

---

1. Même dédain dans *la Nuit vénitienne*, où la couleur locale se réduit à presque rien : une gondole, un masque, un stylet... Pacotille de convention! 2. V. Hugo, *Préface de Cromwell* ; 3. Cf. ci-dessus, p. 14; 4. Cf. ci-dessus, pp. 14 et 16 ; 5. Cf. les escarmouches entre Marianne et Octave, véritable combat entre deux adversaires ardents et obstinés. Cf. aussi l'imprudence avec laquelle elle le convoque chez elle dès qu'elle se prend à l'aimer, et le cynisme qu'elle témoigne dans le tableau final ; 6. P. Gastinel, *op. cit.*, p. 29; 7. P. Gastinel, *op. cit.*, p. 30.

(telle la bouteille de lacryma-christi). L'usage du parallélisme dans les répliques serrées leur donne une vigueur âpre ou un comique élégant. Il y a de soudains élans poétiques, la phrase tourne au couplet musical ou traduit de délicats effets de clair-obscur, sans compter les sonorités qui se font écho et les rythmes alexandrins dont cette prose est parsemée.

Les Caprices de Marianne sont donc bien une pièce lyrique, et par bien des traits une pièce romantique. Mais ce n'est plus le romantisme artificiel des *Contes d'Espagne et d'Italie ;* ce n'est pas encore non plus le romantisme assimilé et inconscient d'*Il ne faut jurer de rien.* C'est un romantisme en voie d'assagissement et d'approfondissement, qui renonce au clinquant des conventions les plus extérieures pour gagner en portée générale et donner à cette comédie un dépouillement tout classique.

BIBLIOGRAPHIE SOMMAIRE

Léon LAFOSCADE, *le Théâtre d'Alfred de Musset* (Paris, Hachette, 1901, rééd. Nizet, 1966).

Philippe VAN TIEGHEM, *Musset ; l'homme et l'œuvre* (Paris, Boivin, 1945 ; nouv. éd., 1964).

Jean POMMIER, *Variétés sur A. de Musset et son théâtre* (Paris, Nizet, 1947).

Gaston BATY, *les Caprices de Marianne* (Collection « Mises en scène » ; Seuil, 1952).

Henri LEFÈBVRE, *Alfred de Musset dramaturge* (Paris, l'Arche, 1955).

Frédérick TONGUE, *l'Art du dialogue dans les comédies en prose d'A. de Musset* (Paris, Nizet, 1968).

Bernard MASSON, *Musset et le théâtre intérieur* (Paris, A. Colin, 1974).

Y. LAINEY, *Musset ou la difficulté d'aimer* (Paris, C.D.U.-S.E.D.E.S., 1978).

PERSONNAGES

CLAUDIO[1], juge.

CŒLIO[2].

OCTAVE.

TIBIA, valet de Claudio.

MARIANNE, femme de Claudio.

CIUTA, vieille femme[3].

HERMIA[4], mère de Cœlio.

MALVOLIO[5], intendant d'Hermia.

DOMESTIQUES[6].

(Naples[7].)

---

1. Il porte à partir de 1851 le titre de « podestat » (magistrat de justice et de police, au moyen âge, de quelques villes italiennes, telles Gênes et Venise) : d'après la scène III de l'acte I, il est, au-dessus des juges de paix et des conseillers de justice, juge en cour royale. Le nom se trouve déjà chez Shakespeare dans *Beaucoup de bruit pour rien* (1599) et dans *Mesure pour mesure* (1604); **2.** Orthographié « Célio » à partir de 1851. Musset se souvient sans doute ici encore de Shakespeare, qui baptise les deux cousines, héroïnes de *Comme il vous plaira*, Célia et Rosalinda (cf. II, 1, le nom de la maîtresse que fait mander Octave). **3.** Ce personnage, supprimé dans la version scénique, est remplacé par « Pippo, valet de Célio ». Le nom est peut-être inspiré de l'italien *civetta*, la chouette : la vieille entremetteuse est, traditionnellement, un oiseau de malheur (cf. *la Celestina*, de F. de Rojas, et *la Macette*, de Mathurin Régnier); **4.** Nom prêté par Shakespeare à une héroïne du *Songe d'une nuit d'été* ; **5.** Encore un nom emprunté à Shakespeare (dans *The Twelfth Night*, c'est l'intendant de la comtesse Olivia); **6.** La version scénique précise en distinguant « domestiques de Marianne » (II, III) et « domestiques d'Hermia » (I, II) et ajoute « deux spadassins » (II, v) et « un garçon d'auberge » (II, 1); **7.** Musset a ajouté l'indication suivante : « Costumes italiens du temps de François Ier. »

LES
CAPRICES DE MARIANNE

ACTE PREMIER[1]

SCÈNE PREMIÈRE.
Une rue devant la maison de Claudio*(1).

MARIANNE, *sortant de chez elle un livre de messe à la main*[2]*(2).

CIUTA *l'aborde.*

CIUTA. — Ma belle dame*(3) puis-je vous dire un mot ?

MARIANNE. — Que me voulez-vous ?

CIUTA. — Un jeune homme de cette ville est éperdument amoureux de vous ; depuis un mois entier il cherche vainement l'occasion de vous l'apprendre. Son nom est Cœlio ; il est d'une noble famille et d'une figure distinguée.

MARIANNE. — En voilà assez. Dites à celui qui vous envoie qu'il perd son temps et sa peine, et que s'il a l'audace de me faire entendre une seconde fois un pareil langage, j'en instruirai mon mari*(4). *(Elle sort.)*

CŒLIO, *entrant.* — Eh bien ! Ciuta, qu'a-t-elle dit[3] ?

CIUTA. — Plus dévote et plus orgueilleuse que jamais. Elle instruira son mari, dit-elle, si on la poursuit plus longtemps.

---

1. Cf. Notice, p. 11 ; 2. Cette indication sera répétée et précisée dans la suite de la pièce. Marianne, toute jeune encore, et fraîche émoulue du couvent (telle Camille d'*On ne badine pas avec l'amour*), est pleine d'une piété un peu affichée : ses allées et venues sont exclusivement rythmées par la succession des exercices religieux, messes ou vêpres ; 3. En 1851, l'auteur remplace Ciuta par Pippo et supprime tout le début de la scène. La pièce commence ainsi : CÉLIO. — « Eh bien, Pippo, tu viens de voir Marianne ? » — PIPPO. — « Oui, Monsieur. » — CÉLIO. — « Que t'a-t-elle dit ?... ».

CŒLIO. — Ah! malheureux que je suis, je n'ai plus qu'à mourir. Ah! la plus cruelle de toutes les femmes! Et que me conseilles-tu, Ciuta? quelle ressource puis-je encore trouver?

CIUTA. — Je vous conseille d'abord de sortir d'ici, car voici son mari qui la suit[1]*(5). *(Ils sortent. Entrent Claudio et Tibia.)*

CLAUDIO. — Es-tu mon fidèle serviteur? mon valet de chambre dévoué? Apprends que j'ai à me venger d'un outrage.

TIBIA. — Vous, Monsieur!

CLAUDIO. — Moi-même, puisque ces impudentes guitares[2] ne cessent de murmurer*(6) sous les fenêtres de ma femme. Mais, patience! tout n'est pas fini. — Écoute un peu de ce côté-ci : voilà du monde*(7) qui pourrait nous entendre. Tu m'iras chercher ce soir le spadassin[3] que je t'ai dit.

TIBIA. — Pourquoi faire?

CLAUDIO. — Je crois que Marianne a des amants.

TIBIA. — Vous croyez, Monsieur*(8)?

CLAUDIO. — Oui; il y a autour de ma maison une odeur d'amants; personne ne passe naturellement[4] devant ma porte; il y pleut des guitares et des entremetteuses[5].

TIBIA. — Est-ce que vous pouvez empêcher qu'on donne des sérénades à votre femme?

CLAUDIO. — Non; mais je puis poster un homme derrière la poterne, et me débarrasser du premier qui entrera.

---

1. Scène II (1851) : « Claudio est en longue robe rouge; Tibia le suit en portant la queue de sa robe »; 2. Accessoire obligé des « donneurs de sérénades » même si les « belles écouteuses », telle Marianne, n'écoutent pas... Élément de décor galant créant une ambiance italienne ou espagnole traditionnelle (cf. Beaumarchais : *le Barbier de Séville*, acte I; la partition de Rossini date de 1816 et se répand en France à partir de 1820-1824. Cf. encore la sérénade de don Juan dans le *Don Giovanni* de Mozart, dont Hoffmann, alors très en vogue, Stendhal et Musset lui-même dans le *Namouna* (chant I, str. 13, 14 et 24) font un si vibrant éloge; 3. *Spadassin* : tueur à gages (proprement : « tireur d'épée », de l'italien *spada*). Personnage de prédilection de l'imagerie romantique que le Sparafuccio de Victor Hugo (*Le roi s'amuse*, 1832) venait de mettre à la mode et que reprendra le Scoronconcolo de *Lorenzaccio*; 4. Au sens propre : « d'une manière naturelle »; 5. En 1851 : « Des guitares et des messages secrets. »

TIBIA. — Fi! votre femme n'a pas d'amants. — C'est comme si vous disiez que j'ai des maîtresses.

CLAUDIO. — Pourquoi n'en aurais-tu pas, Tibia? Tu es fort laid, mais tu as beaucoup d'esprit.

TIBIA. — J'en conviens, j'en conviens.

CLAUDIO. — Regarde, Tibia, tu en conviens toi-même; il n'en faut plus douter, et mon déshonneur est public★(**9**).

TIBIA. — Pourquoi public?

CLAUDIO. — Je te dis qu'il est public.

TIBIA. — Mais, Monsieur, votre femme passe pour un dragon de vertu dans toute la ville; elle ne voit personne, elle ne sort de chez elle que pour aller à la messe[1].

CLAUDIO. — Laisse-moi faire. — Je ne me sens pas de colère, après tous les cadeaux qu'elle a reçus de moi★(**10**). — Oui, Tibia, je machine en ce moment une épouvantable trame, et me sens prêt à mourir de douleur[2].

TIBIA. — Oh! que non.

CLAUDIO. — Quand je te dis quelque chose, tu me ferais plaisir de le croire★[**11**]. (*Ils sortent*★[**12**].)

CŒLIO[3], *rentrant*. — Malheur à celui qui, au milieu de la jeunesse, s'abandonne à un amour sans espoir! Malheur à celui qui se livre à une douce rêverie, avant de savoir où sa chimère le mène, et s'il peut être payé de retour! Mollement couché dans une barque, il s'éloigne peu à peu de la rive; il aperçoit au loin des plaines enchantées, de vertes prairies et le mirage léger de son Eldorado[4]. Les vents l'entraînent en silence, et quand la réalité le réveille, il est aussi loin du but où il aspire que du rivage qu'il a quitté; il ne peut plus ni poursuivre sa route ni revenir sur ses pas[5]★(**13**). (*On entend un bruit d'instruments.*)

Quelle est cette mascarade[6]? N'est-ce pas Octave que j'aperçois? (*Entre Octave.*)

---

1. Cf. p. 27, note 2; 2. Outrance comique et écho moliéresque (cf. *l'École des femmes* [III, v et V, iv]); 3. Scène III (1851); 4. Terme emprunté à l'espagnol (proprement : « le doré », c'est-à-dire le pays de l'or) et qualifiant ordinairement le Pérou, aux fabuleuses richesses. Popularisé par Voltaire dans *Candide*, il désigne, par extension, toute contrée merveilleuse et imaginaire; 5. Expression ni très heureuse ni cohérente si l'on se reporte à la « barque » mentionnée plus haut; 6. *Mascarade :* au sens non pas de « déguisement », mais de « cortège de personnes déguisées » : on est en période de carnaval, la suite de la scène le précise.

OCTAVE[1]. — Comment se porte, mon bon monsieur, cette gracieuse mélancolie[2] ?

CŒLIO. — Octave ! ô fou que tu es ! tu as un pied de rouge sur les joues[3] ! — D'où te vient cet accoutrement ! N'as-tu pas de honte en plein jour ?

OCTAVE. — O Cœlio ! fou que tu es ! tu as un pied de blanc sur les joues[4] ! — D'où te vient ce large habit noir ? N'as-tu pas de honte en plein carnaval ?

CŒLIO[5]. — Quelle vie que la tienne ! Ou tu es gris, ou je le suis moi-même.

OCTAVE. — Ou tu es amoureux, ou je le suis moi-même.

CŒLIO. — Plus que jamais de la belle Marianne[6].

OCTAVE. — Plus que jamais de vin de Chypre[7]*(**14**).

CŒLIO. — J'allais chez toi quand je t'ai rencontré.

OCTAVE. — Et moi aussi j'allais chez moi. Comment se porte ma maison ? Il y a huit jours que je ne l'ai vue*(**15**).

CŒLIO. — J'ai un service à te demander.

OCTAVE. — Parle, Cœlio, mon cher enfant. Veux-tu de l'argent ? Je n'en ai plus. Veux-tu des conseils ? Je suis ivre[8]. Veux-tu mon épée, voilà une batte[9] d'arlequin[10]. Parle, parle, dispose de moi.

CŒLIO. — Combien de temps cela durera-t-il ? Huit jours hors de chez toi ! Tu te tueras, Octave.

1. Scène IV (1851). Octave « a par-dessus son habit un long domino tout ouvert, un loup sur le visage et une batte d'arlequin à la main ». Le début de la scène devient : OCTAVE *(s'adressant aux gens de la mascarade qu'on ne voit pas)*. — Assez, mes amis, retournez au logis ; assez raclé pour aujourd'hui. *(Descendant la scène et ôtant son loup, à Célio.)* Comment se porte... (« raclé » s'applique au frottement de l'archet sur les cordes du violon) ; 2. Il y a dans cette formule de politesse moqueuse comme un écho shakespearien (cf. la salutation d'Ophélie à Hamlet, acte III). On peut comprendre qu'Octave en fait un titre d'honneur qu'il applique à la « personne » même de Cœlio, au sens de « votre gracieuse Mélancolie » (comme s'il disait « votre gracieuse Seigneurie ») ; 3. A la fois son barbouillage carnavalesque et le feu de l'ivresse ; 4. Son teint pâle le fait ressembler à un pierrot mélancolique ; 5. Les quatre répliques suivantes sont supprimées en 1851 ; 6. Cette déclaration implique qu'Octave est déjà parfaitement au courant des malheurs de Cœlio ; 7. Renommé dès l'antiquité, c'est un des plus fameux vins de Grèce, traditionnellement associé, depuis le XVIIIe siècle, aux rendez-vous galants (cf. Verlaine : *Fêtes galantes*, la pièce intitulée « Sur l'herbe »); 8. Ces deux phrases supprimées en 1851 ; 9. *Batte* : sabre de bois ; originairement substantif verbal de « battre », désigne tout objet pouvant servir de battoir (par exemple, pour aplanir le sol ou pour battre le beurre) ; 10. Personnage traditionnel de la farce italienne.

Octave. — Jamais de ma propre main, mon ami, jamais; j'aimerais mieux mourir que d'attenter à mes jours*(16).

Cœlio. — Et n'est-ce pas un suicide comme un autre, que la vie que tu mènes[1]!

Octave. — Figure-toi un danseur de corde[2], en brodequins[3] d'argent, le balancier[4] au poing, suspendu entre le ciel et la terre; à droite et à gauche, de vieilles petites figures racornies, de maigres et pâles fantômes, des créanciers[5] agiles, des parents et des courtisans, toute une légion de monstres, se suspendent à son manteau et le tiraillent de tous côtés pour lui faire perdre l'équilibre; des phrases redondantes, de grands mots enchâssés[6] cavalcadent autour de lui; une nuée de prédictions sinistres l'aveugle de ses ailes noires[7]. Il continue sa course légère de l'orient à l'occident. S'il regarde en bas, la tête lui tourne; s'il regarde en haut, le pied lui manque. Il va plus vite que le vent, et toutes les mains tendues[8] autour de lui ne lui feront pas renverser une goutte de la coupe joyeuse[9] qu'il porte à la sienne[10]. Voilà ma vie, mon cher ami; c'est ma fidèle image que tu vois[11].

Cœlio. — Que tu es heureux d'être fou!

Octave. — Que tu es fou de ne pas être heureux! Dis-moi un peu, toi, qu'est-ce qui te manque?

Cœlio. — Il me manque le repos, la douce insouciance qui fait de la vie un miroir où tous les objets se peignent un instant et sur lequel tout glisse[12]. Une dette pour moi est un remords. L'amour, dont vous autres vous faites un passe-temps, trouble ma vie entière. O mon ami, tu ignoreras

1. Le redoublement du « que », peu heureux, est supprimé par Musset, qui écrit en 1851 : « ... comme un autre, cette vie que tu mènes ? »; 2. Noter le décousu apparent des répliques, procédé caractéristique qui n'empêche pas les dialogues de Musset d'avancer, mais sans lourdeur, vers les propos essentiels; 3. Le terme, qui surprend d'abord, n'est nullement impropre et désigne exactement des bottines lacées, et non pas forcément de gros souliers; 4. Il sert à maintenir l'équilibre; 5. Écho manifeste de rancœurs personnelles : depuis la mort de son père (1832), la situation financière de Musset est peu brillante; 6. Du double sens possible (mis dans une châsse, comme des reliques; ou luxueusement serti, comme un diamant), c'est le second qui domine : il s'agit d'une éloquence d'apparat, pompeuse et précieuse à la fois; 7. Comme des corbeaux ou des chauves-souris; 8. Pour l'agripper, et aussi pour quémander (cf. plus haut : les créanciers); 9. Image banale : c'est la coupe des plaisirs de la vie; 10. Détail peu cohérent avec le balancier mentionné précédemment, que l'équilibriste doit normalement tenir des deux mains; 11. Indication scénique (1851) : « Il jette sur la table sa batte et son loup »; 12. Comme l'existence d'Octave justement.

toujours ce que c'est qu'aimer comme moi! Mon cabinet d'étude est désert[1]; depuis un mois j'erre autour de cette maison la nuit et le jour. Quel charme j'éprouve, au lever de la lune, à conduire sous ces petits arbres, au fond de cette place[2], mon chœur modeste de musiciens, à marquer moi-même la mesure, à les entendre chanter la beauté de Marianne! Jamais elle n'a paru à sa fenêtre; jamais elle n'est venue appuyer son front charmant sur sa jalousie[3]*(17).

OCTAVE. — Qui est cette Marianne*(18)? Est-ce que c'est ma cousine[4]?

CŒLIO. — C'est elle-même, la femme du vieux Claudio.

OCTAVE. — Je ne l'ai jamais vue*(19). Mais à coup sûr, elle est ma cousine. Claudio est fait exprès[5]. Confie-moi tes intérêts, Cœlio.

CŒLIO. — Tous les moyens que j'ai tentés pour lui faire connaître mon amour ont été inutiles. Elle sort du couvent[6]; elle aime son mari, et respecte ses devoirs. Sa porte est fermée à tous les jeunes gens de la ville, et personne ne peut l'approcher.

OCTAVE. — Ouais! est-elle jolie? — Sot que je suis! tu l'aimes, cela n'importe guère*(20). Que pourrions-nous imaginer?

CŒLIO. — Faut-il te parler franchement? ne te riras-tu pas de moi?

OCTAVE. — Laisse-moi rire de toi, et parle franchement.

CŒLIO. — En ta qualité de parent, tu dois être reçu dans la maison.

---

1. Cf. *Nuit d'août*, v. 27; la Muse parle : « Ton cabinet d'étude est vide quand j'arrive »; 2. Indications précieuses de décor, qui permettent de préciser le cadre rêvé par Musset, trop vaguement suggéré au début de l'acte; 3. *Jalousie* : treillis de bois ou de fer qui permet de voir sans être vu. Détail typique, comme les guitares et sérénades des comédies d'atmosphère espagnole ou italienne, la jalousie connaît une grande vogue littéraire depuis *le Barbier de Séville* (1775); 4. Octave ne peut ignorer les amours de Cœlio (cf. p. 30, note 6) : ses questions ne se peuvent donc légitimer que par sa demi-ébriété; 5. Se rapporte non à ce qui précède, mais à ce qui suit : ce cousinage est fait pour faciliter le succès de Cœlio; 6. Ce détail précise les indications fournies depuis le début de la pièce sur la piété de Marianne. Musset s'en prendra avec plus d'énergie dans *On ne badine pas avec l'amour* à l'éducation rigoriste et dévote des couvents, qui prépare mal les jeunes filles à la vie (cf. les déclarations de Valentin dans *Il ne faut jurer de rien* [I, I]) : aboutissement d'une longue tradition de littérature antireligieuse que, par Chateaubriand *(René)* et Diderot *(la Religieuse)*, on pourrait faire remonter à Molière *(l'École des femmes)*.

Octave. — Suis-je reçu ? Je n'en sais rien. Admettons que je suis reçu. A te dire vrai, il y a une grande différence entre mon auguste famille et une botte d'asperges[1]. Nous ne formons pas un faisceau bien serré, et nous ne tenons guère les uns aux autres que par écrit[2]. Cependant Marianne connaît mon nom. Faut-il lui parler en ta faveur ?

Cœlio. — Vingt fois j'ai tenté de l'aborder ; vingt fois j'ai senti mes genoux fléchir en approchant d'elle. J'ai été forcé de lui envoyer la vieille Ciuta[3]. Quand je la vois, ma gorge se serre et j'étouffe, comme si mon cœur se soulevait jusqu'à mes lèvres[4].

Octave. — J'ai éprouvé cela. C'est ainsi qu'au fond des forêts, lorsqu'une biche avance à petits pas sur les feuilles sèches, et que le chasseur entend les bruyères glisser sur ses flancs inquiets, comme le frôlement d'une robe légère, les battements de cœur le prennent malgré lui[5] ; il soulève son arme en silence, sans faire un pas et sans respirer*(21).

Cœlio. — Pourquoi donc suis-je ainsi ? n'est-ce pas une vieille maxime parmi les libertins, que toutes les femmes se ressemblent[6] ? Pourquoi donc y a-t-il si peu d'amours qui se ressemblent ? En vérité, je ne saurais aimer[7] cette femme comme toi, Octave, tu l'aimerais, ou comme j'en aimerais une autre. Qu'est-ce donc pourtant que tout cela ? Deux yeux bleus, deux lèvres vermeilles, une robe blanche et deux blanches mains[8]. Pourquoi ce qui te rendrait joyeux et empressé, ce qui t'attirerait, toi, comme l'aiguille aimantée attire le fer, me rend-il triste et immobile[9] ? Qui pourrait dire : ceci est gai ou triste ? La réalité n'est qu'une ombre.

---

1. En 1851, supprimant la pittoresque comparaison, l'auteur écrit : « A dire vrai, dans mon illustre famille, nous ne formons pas un faisceau... » ; 2. Octave l'entend de deux façons : par les actes d'état civil ou les parchemins héraldiques qui établissent la généalogie de la famille, mais aussi par les assignations en justice ou les exploits d'huissier dont doivent se bombarder des parents si peu unis ; 3. En 1851, il supprime cette phrase, puisque le personnage de la vieille entremetteuse a disparu de la version scénique ; 4. Rapprochez ces notations de l'analyse des manifestations physiologiques de l'amour par Racine (*Phèdre*, I, III) ; 5. Noter les trois alexandrins successifs et le rythme poétique de toute la tirade ; 6. Cf., fin de la scène I de l'acte II, les propos échangés par Marianne et Octave sous la tonnelle ; 7. En 1851, l'auteur modifie ainsi tout le début de cette tirade : « Pourquoi donc suis-je ainsi ? Pourquoi ne saurais-je aimer cette femme ?... » ; 8. Ces deux phrases sont supprimées en 1851 ; 9. Cf. des idées analogues dans le *Roman par lettres* (esquissé au début de 1833, inachevé, et largement utilisé dans *André del Sarto*) : « Celui qui étend la main dès qu'il désire, peut-il comprendre de combien de frivolités, de jouissances étranges, de combien de fils mystérieux se compose le type délicat d'un pareil amour ?... ».

Appelle imagination ou folie ce qui la divinise. — Alors la folie est la beauté elle-même. Chaque homme marche enveloppé d'un réseau transparent qui le couvre de la tête aux pieds : il croit voir des bois et des fleuves, des visages divins, et l'universelle nature se teint sous ses regards des nuances infinies du tissu magique[1]. Octave! Octave! viens à mon secours*(22).

OCTAVE. — J'aime ton amour, Cœlio; il divague dans ta cervelle comme un flacon syracusain[2]. Donne-moi la main; je viens à ton secours, attends un peu. L'air me frappe au visage et les idées me reviennent. Je connais cette Marianne; elle me déteste fort sans m'avoir jamais vu. C'est une mince poupée qui marmotte des *Ave* sans fin.

CŒLIO. — Fais ce que tu voudras, mais ne me trompe pas, je t'en conjure; il est aisé de me tromper; je ne sais pas me défier d'une action que je ne voudrais pas faire moi-même*(23).

OCTAVE. — Si tu escaladais les murs?

CŒLIO. — Entre elle et moi est une muraille imaginaire que je n'ai pu escalader[3].

OCTAVE. — Si tu lui écrivais?

CŒLIO. — Elle déchire mes lettres ou me les renvoie.

OCTAVE. — Si tu en aimais une autre? Viens avec moi chez Rosalinde[4].

CŒLIO. — Le souffle de ma vie est à Marianne; elle peut d'un mot de ses lèvres l'anéantir ou l'embraser. Vivre pour une autre me serait plus difficile que de mourir pour elle; ou je réussirai, ou je me tuerai[5]. Silence! la voici qui rentre; elle détourne la rue[6].

OCTAVE. — Retire-toi, je vais l'aborder.

---

1. Idéalisme et subjectivisme sont alors à la mode, sous l'influence des philosophies récemment importées de Fichte, Schelling, et surtout Hegel (1770-1831); 2. A la fois ellipse et métonymie; comprendre : « ... comme un flacon de vin syracusain ferait divaguer ta cervelle ». Octave, qui emprunte volontiers ses images à la boisson, est sensible à l'espèce d'ivresse dont l'amour emplit l'âme de Cœlio; 3. En 1851 : « A quoi bon si elle ne m'aime pas? »; 4. Phrase supprimée en 1851; 5. Phrase supprimée en 1851; 6. C'est-à-dire : « elle apparaît au tournant de la rue »; sens et construction inusités (Littré ne les mentionne pas), mais le verbe s'emploie souvent au sens neutre voisin de « tourner d'un autre côté » (cf. Amyot, *Vie d'Aratus*, 20 : « ... une ruelle par où il faut détourner ». — Molière, *Dom Juan*, III, 11 : « Vous n'avez qu'à détourner à main droite »).

Cœlio. — Y penses-tu ? dans l'équipage où te voilà ! Essuie-toi le visage : tu as l'air d'un fou.

Octave[1]. — Voilà qui est fait. L'ivresse et moi, mon cher Cœlio, nous nous sommes trop chers l'un à l'autre pour nous jamais disputer ; elle fait mes volontés comme je fais les siennes. N'aie aucune crainte là-dessus ; c'est le fait d'un étudiant en vacance qui se grise un jour de grand dîner, de perdre la tête et de lutter avec le vin[2] ; moi, mon caractère est d'être ivre ; ma façon de penser est de me laisser faire, et je parlerais au roi en ce moment, comme je vais parler à ta belle.

Cœlio. — Je ne sais ce que j'éprouve. — Non, ne lui parle pas.

Octave. — Pourquoi ?

Cœlio. — Je ne puis dire pourquoi ; il me semble que tu vas me tromper[3].

Octave. — Touche là. Je te jure sur mon honneur que Marianne sera à toi, ou à personne au monde, tant que j'y pourrai quelque chose[4]★(24)(25). (*Cœlio sort. — Entre Marianne. Octave l'aborde.*)

Octave[5]. — Ne vous détournez pas, princesse de beauté ! laissez tomber vos regards sur le plus indigne de vos serviteurs★(26).

Marianne. — Qui êtes-vous ?

Octave. — Mon nom est Octave ; je suis cousin de votre mari.

Marianne. — Venez-vous pour le voir ? entrez au logis, il va revenir.

Octave. — Je ne viens pas pour le voir, et n'entrerai point au logis, de peur que vous ne m'en chassiez tout à l'heure[6], quand je vous aurai dit ce qui m'amène.

---

1. Indication scénique en 1851 : « ... ôtant son domino et le posant sur la table » ; 2. En 1851 : « ... et de chercher sa raison ; moi, je n'ai de raison que ma fantaisie... ». — Cf. dans le poème *Sur la paresse* (1842) : « Plus que votre bon sens ma déraison est saine » ou encore la strophe 10 de *Après une lecture* (1842) ; 3. Pressentiment dramatique : Octave en fait ne trompera pas Cœlio, mais l'issue tragique est ainsi préparée ; 4. En 1851 : « Touche là. Depuis que je suis au monde, je n'ai encore trompé personne, et je ne commencerai pas par mon meilleur ami » ; 5. Scène v en 1851 ; 6. Non pas au sens classique de « à l'instant », mais au sens moderne de « dans un instant ».

MARIANNE. — Dispensez-vous donc de le dire et de m'arrêter plus longtemps.

OCTAVE. — Je ne saurais m'en dispenser, et vous supplie de vous arrêter pour l'entendre. Cruelle Marianne! vos yeux ont causé bien du mal, et vos paroles ne sont pas faites pour le guérir. Que vous avait fait Cœlio?

MARIANNE. — De qui parlez-vous, et quel mal ai-je causé?

OCTAVE. — Un mal[1] le plus cruel de tous, car c'est un mal sans espérance; le plus terrible, car c'est un mal qui se chérit lui-même, et repousse la coupe salutaire jusque dans la main de l'amitié; un mal qui fait pâlir les lèvres sous des poisons plus doux que l'ambroisie, et qui fond en une pluie de larmes le cœur le plus dur, comme la perle de Cléopâtre[2]; un mal que tous les aromates, toute la science humaine ne sauraient soulager, et qui se nourrit du vent qui passe, du parfum d'une rose fanée, du refrain d'une chanson, et qui suce l'éternel aliment de ses souffrances dans tout ce qui l'entoure, comme une abeille son miel dans tous les buissons d'un jardin[3]*(27).

MARIANNE. — Me direz-vous le nom de ce mal*(28)?

OCTAVE. — Que celui qui est digne[4] de le prononcer vous le dise; que les rêves de vos nuits, que ces orangers verts, cette fraîche cascade vous l'apprennent[5], que vous puissiez le chercher un beau soir, vous le trouverez sur vos lèvres; son nom n'existe pas sans lui.

MARIANNE. — Est-il si dangereux à dire, si terrible dans sa contagion, qu'il effraye une langue qui plaide en sa faveur?

OCTAVE. — Est-il si doux à entendre, cousine, que vous le demandiez? Vous l'avez appris à Cœlio.

---

1. Ces définitions allusives de l'amour rappellent le début des *Animaux malades de la peste* (*Fables*, VII, I); 2. Selon une anecdote fameuse, Cléopâtre aurait fait dissoudre une perle dans du vinaigre et bu le mélange. Le même détail est repris par Musset dans l'*Histoire d'un merle blanc :* « ... écoute ce que mon cerveau peut dire, et sens combien mon amour est plus grand! Oh! que mon génie fût une perle, et que tu fusses Cléopâtre! »; 3. Toute la tirade est à rapprocher de la fin de *la Nuit d'août* (1836) et du commencement de *la Nuit d'octobre* (1837); 4. L'expression a une valeur générale (ceux-là seuls peuvent valablement parler d'amour qui sont atteints d'une passion exclusive et sincère), mais Octave l'applique à Cœlio, tout en condamnant par là même implicitement son propre libertinage; 5. En 1851 : « ... que vos orangers verts, que le printemps vous l'apprennent... »

MARIANNE. — C'est donc sans le savoir, je ne connais ni l'un ni l'autre.

OCTAVE. — Que vous les connaissiez ensemble, et que vous ne les sépariez jamais, voilà le souhait de mon cœur.

MARIANNE. — En vérité?

OCTAVE. — Cœlio est le meilleur de mes amis; si je voulais vous faire envie, je vous dirais qu'il est beau comme le jour, jeune, noble, et je ne mentirais pas; mais je ne veux que vous faire pitié, et je vous dirai qu'il est triste comme la mort, depuis le jour où il vous a vue★(29).

MARIANNE. — Est-ce ma faute s'il est triste[1]?

OCTAVE. — Est-ce sa faute si vous êtes belle? il ne pense qu'à vous; à toute heure il rôde autour de cette maison. N'avez-vous jamais entendu chanter sous vos fenêtres? N'avez-vous jamais soulevé, à minuit, cette jalousie[2] et ce rideau?

MARIANNE. — Tout le monde peut chanter le soir, et cette place appartient à tout le monde★(30).

OCTAVE. — Tout le monde aussi peut vous aimer; mais personne ne peut vous le dire. Quel âge avez-vous, Marianne?

MARIANNE. — Voilà une jolie question! et si je n'avais que dix-neuf ans, que voudriez-vous que j'en pense?

OCTAVE. — Vous avez donc encore cinq ou six ans pour être aimée, huit ou dix pour aimer vous-même et le reste pour prier Dieu[3].

MARIANNE. — Vraiment? Eh bien! pour mettre le temps à profit, j'aime Claudio, votre cousin et mon mari.

OCTAVE. — Mon cousin et votre mari ne feront jamais à eux deux qu'un pédant de village; vous n'aimez point Claudio★(31).

MARIANNE. — Ni Cœlio; vous pouvez le lui dire.

OCTAVE. — Pourquoi?

1. Tout ce marivaudage rappelle un peu *l'Ecole des femmes* (II,v), mais les feintes naïvetés de Marianne sont évidemment plus sujettes à caution que celles d'Agnès; 2. Cf. p. 32, note 3; 3. Cf. les confidences de Camille à Perdican, dans *On ne badine pas avec l'amour* (II, v).

MARIANNE[1]. — Pourquoi n'aimerais-je pas Claudio? C'est mon mari.

OCTAVE. — Pourquoi n'aimeriez-vous pas Cœlio? C'est votre amant.

MARIANNE. — Me direz-vous aussi pourquoi je vous écoute? Adieu, seigneur Octave; voilà une plaisanterie qui a duré assez longtemps*(32). (Elle sort.)

OCTAVE. — Ma foi, ma foi! elle a de beaux yeux[2]. (Il sort*[33].)

SCÈNE II[3].

La maison de Cœlio.

HERMIA, PLUSIEURS DOMESTIQUES, MALVOLIO

HERMIA. — Disposez ces fleurs comme je vous l'ai ordonné[4]; a-t-on dit aux musiciens de venir?

UN DOMESTIQUE. — Oui, madame; ils seront ici à l'heure du souper[5].

HERMIA. — Ces jalousies fermées sont trop sombres; qu'on laisse entrer le jour sans laisser entrer le soleil. — Plus de fleurs autour de ce lit; le souper est-il bon? Aurons-nous notre belle voisine, la comtesse Pergoli? A quelle heure est sorti mon fils[6]?

MALVOLIO. — Pour être sorti, il faudrait d'abord qu'il fût rentré. Il a passé la nuit dehors.

HERMIA. — Vous ne savez ce que vous dites. — Il a soupé hier avec moi, et m'a ramenée ici. A-t-on fait porter dans le cabinet d'étude le tableau que j'ai acheté ce matin?

MALVOLIO. — Du vivant de son père, il n'en aurait pas été ainsi. Ne dirait-on[7] pas que notre maîtresse a dix-huit ans, et qu'elle attend son Sigisbé[8]?

1. Les deux répliques suivantes supprimées en 1851; 2. Cf. Appendice, 1; 3. Scène XI, en 1851; 4. En 1851 : « A-t-on fait ce que j'ai ordonné?... »; 5. En 1851 : « Oui, Madame, ils seront ce soir à vos ordres, ou pour mieux parler... » (Hermia lui coupe la parole.); 6. Tirade remaniée comme suit en 1851 : « Qu'est-ce à dire? A-t-on tout préparé comme je l'ai dit pour le souper? Vous direz à mon fils que je regrette de ne pas l'avoir vu. A quelle heure est-il donc sorti? »; 7. Phrase supprimée en 1851; 8. Sigisbé : cavalier servant d'une dame. Le mot, emprunté à l'italien cicisbeo, est venu d'Italie au XVIIIe siècle avec la mode, et apparaît d'abord chez Voltaire.

Claudio et Marianne
(Marguerite Jamois),
acte II, scène III.
Théâtre Montparnasse
Gaston Baty (1936).

Phot. Lipnitzki.

Alfred de Musset, médaillon de David d'Angers.
Paris, musée du Louvre.

HERMIA. — Mais du vivant de sa mère, il en est ainsi, Malvolio. Qui vous a chargé de veiller sur sa conduite? Songez-y : que Cœlio ne rencontre pas sur son passage un visage de mauvais augure[1]; qu'il ne vous entende pas grommeler entre vos dents, comme un chien de basse-cour à qui l'on dispute l'os qu'il veut ronger[2], ou, par le ciel, pas un de vous ne passera la nuit sous ce toit.

MALVOLIO. — Je ne grommelle rien, ma figure n'est pas un mauvais présage : vous me demandez à quelle heure est sorti mon maître, et je vous réponds qu'il n'est pas rentré. Depuis qu'il a l'amour en tête, on ne le voit pas quatre fois la semaine.

HERMIA. — Pourquoi ces livres sont-ils couverts de poussière? Pourquoi ces meubles sont-ils en désordre? Pourquoi faut-il que je mette ici la main à tout[3], si je veux obtenir quelque chose? Il vous appartient bien de lever les yeux sur ce qui ne vous regarde pas, lorsque votre ouvrage est à moitié fait et que les soins dont on vous charge retombent sur les autres. Allez, et retenez votre langue. *(Entre Cœlio[4].)*

Eh bien, mon cher enfant, quels seront vos plaisirs aujourd'hui? *(Les domestiques se retirent*[34].)*

CŒLIO. — Les vôtres, ma mère. *(Il s'assoit.)*

HERMIA. — Eh quoi! les plaisirs communs, et non les peines communes? C'est un partage injuste, Cœlio. Ayez des secrets pour moi, mon enfant, mais non pas de ceux qui vous rongent le cœur et vous rendent insensible à tout ce qui vous entoure.

CŒLIO. — Je n'ai point de secret, et plût à Dieu, si j'en avais, qu'ils fussent de nature à faire de moi une statue!

HERMIA. — Quand vous aviez dix ou douze ans, toutes vos peines, tous vos petits chagrins se rattachaient à moi; d'un regard sévère ou indulgent de ces yeux que voilà, dépendait la tristesse ou la joie des vôtres, et votre petite tête blonde tenait par un fil bien délié au cœur de votre

---

1. L'expression interprète librement le nom même de Malvolio; 2. Comparaison supprimée en 1851; 3. En 1851, l'auteur ajoute ici : « ... dans la maison de mon fils, si je veux... »; 4. Scène XII en 1851

mère[1]. Maintenant, mon enfant, je ne suis plus que votre vieille sœur, incapable peut-être de soulager vos ennuis, mais non pas de les partager.

Cœlio. — Et vous aussi, vous avez été belle! Sous ces cheveux argentés qui ombragent votre noble front[2], sous ce long manteau[3] qui vous couvre, l'œil reconnaît encore le port majestueux d'une reine, et[4] les formes gracieuses d'une Diane chasseresse. O ma mère! vous avez inspiré l'amour! Sous vos fenêtres entr'ouvertes a murmuré le son de la guitare; sur ces places bruyantes, dans le tourbillon de ces fêtes, vous avez promené une insouciante et superbe jeunesse; vous n'avez point aimé; un parent de mon père est mort d'amour pour vous.

Hermia. — Quel souvenir me rappelles-tu[5]?

Cœlio. — Ah! si votre cœur peut en supporter la tristesse, si ce n'est pas vous demander des larmes, racontez-moi cette aventure[6], ma mère, faites-m'en connaître les détails[7].

Hermia. — Votre père ne m'avait jamais vue alors. Il se chargea, comme allié de ma famille[8], de faire agréer la demande du jeune Orsini, qui voulait m'épouser. Il fut reçu comme le méritait son rang, par votre grand-père, et admis dans notre intimité. Orsini était un excellent parti, et cependant je le refusai. Votre père, en plaidant pour lui, avait tué dans mon cœur le peu d'amour qu'il m'avait inspiré pendant deux mois d'assiduités constantes. Je n'avais pas soupçonné la force de sa passion pour moi. Lorsqu'on

---

1. Cf. dans les premiers vers connus de Musset, écrits en novembre 1824, pour la fête de sa mère :
« Arrive-t-il quelque bonheur?
Vite, à sa mère on le raconte;
C'est dans son sein consolateur
Qu'on cache ses pleurs ou sa honte. »
Le personnage d'Hermia doit sans doute beaucoup de traits à Mme de Musset, qui eut plus d'une occasion d'abdiquer sa dignité pour assurer ce qu'elle pensait être le bonheur de son fils; 2. Tout ce début de phrase est supprimé en 1851; 3. En 1851 : « Sous ce long voile qui vous entoure... ». — Sans doute les voiles de la veuve, mais Hermia, vieillissante, peut aussi souhaiter dissimuler par là les ravages du temps sur sa beauté; 4. Fin de phrase supprimée en 1851; 5. Noter le brusque changement de nombre; 6. Cœlio la connaît évidemment déjà (cf. le résumé qu'il en donne à sa tirade précédente) : il y a donc de sa part comme une délectation morose qui le pousse à s'en faire préciser ou répéter les détails, tant son propre cas lui semble proche de celui du malheureux soupirant éconduit par Hermia; 7. En 1851, Musset ajoute ici deux répliques :
Hermia. — Hélas! mon enfant, à quoi bon? Quelle triste fantaisie avez-vous? Cœlio. — Je vous en supplie, et j'écoute. Hermia. — Vous le voulez? Votre père...; 8. Noter la similitude rigoureusement poussée avec la situation d'Octave vis-à-vis de Marianne.

lui apporta ma réponse, il tomba, privé de connaissance, dans les bras de votre père. Cependant une longue absence, un voyage qu'il entreprit alors, et dans lequel il augmenta sa fortune, devaient avoir dissipé ses chagrins. Votre père changea de rôle et demanda pour lui ce qu'il n'avait pu obtenir pour Orsini. Je l'aimais d'un amour sincère, et l'estime qu'il avait inspirée à mes parents ne me permit pas d'hésiter. Le mariage fut décidé le jour même, et l'église s'ouvrit pour nous quelques semaines après. Orsini revint à cette époque. Il fut trouver votre père, l'accabla de reproches, l'accusa d'avoir trahi sa confiance et d'avoir causé le refus qu'il avait essuyé. Du reste, ajouta-t-il, si vous avez désiré ma perte, vous serez satisfait. Épouvanté de ces paroles, votre père vint trouver le mien, et lui demander son témoignage pour désabuser Orsini. — Hélas! il n'était plus temps; on trouva dans sa chambre le pauvre jeune homme traversé de part en part de plusieurs coups d'épée[1]*(35-36).

Scène III[2].

Le jardin de Claudio

CLAUDIO et TIBIA, *entrant*[3].

CLAUDIO. — Tu as raison, et ma femme est un trésor de pureté. Que te dirai-je de plus? c'est une vertu solide.

TIBIA. — Vous croyez, Monsieur[4]?

CLAUDIO. — Peut-elle empêcher qu'on ne chante sous ses croisées? Les signes d'impatience qu'elle peut donner dans son intérieur sont les suites de son caractère. As-tu remarqué que sa mère, lorsque j'ai touché cette corde, a été tout d'un coup du même avis que moi*(37)?

TIBIA. — Relativement à quoi?

CLAUDIO. — Relativement à ce qu'on chante sous ses croisées.

---

1. Cf. Appendice, 2, p. 72 ; 2. Cf. Appendice, 3, p. 72 ; 3. Scène VIII en 1851 ; 4. Cette réplique, d'apparence innocente, est en réalité d'un comique profond, car Tibia a eu exactement les mêmes mots lorsque Claudio, à la scène I, lui a déclaré : « Je crois que Marianne a des amants », c'est-à-dire exactement le contraire de ce qu'il lui déclare ici.

TIBIA. — Chanter n'est pas un mal, je fredonne moi-même à tout moment.

CLAUDIO. — Mais bien chanter est difficile.

TIBIA. — Difficile pour vous et pour moi, qui, n'ayant pas reçu de voix de la nature, ne l'avons jamais cultivée[1]. Mais voyez comme ces acteurs de théâtre s'en tirent habilement.

CLAUDIO. — Ces gens-là passent leur vie sur les planches.

TIBIA. — Combien croyez-vous qu'on puisse donner par an ?

CLAUDIO. — A qui ? à un juge de paix[2] ?

TIBIA. — Non, à un chanteur.

CLAUDIO. — Je n'en sais rien. — On donne à un juge de paix le tiers de ce que vaut ma charge. Les conseillers de justice ont moitié[3].

TIBIA. — Si j'étais juge en cour royale, et que ma femme eût des amants[4], je les condamnerais moi-même.

CLAUDIO. — A combien d'années de galère ?

TIBIA. — A la peine de mort. Un arrêt de mort est une chose superbe à lire à haute voix.

CLAUDIO. — Ce n'est pas le juge qui le lit[5], c'est le greffier.

TIBIA. — Le greffier de votre tribunal a une jolie femme.

CLAUDIO. — Non, c'est le président qui a une jolie femme ; j'ai soupé hier avec eux.

TIBIA. — Le greffier aussi ! Le spadassin qui va venir ce soir est l'amant de la femme du greffier.

CLAUDIO. — Quel spadassin ?

TIBIA. — Celui que vous avez demandé[6].

CLAUDIO. — Il est inutile qu'il vienne après ce que je t'ai dit tout à l'heure[7].

---

1. La réflexion n'est pas déplacée : ce n'est pas Cœlio qui chante sous les fenêtres de Marianne, mais un « modeste chœur de musiciens » composé de professionnels (cf. scène I), lui-même se bornant à marquer la mesure ; 2. En 1851 : « A qui ? à un conseiller ? » ; 3. En 1851 : « Les archi-conseillers ont le double » ; 4. En 1851 : « Si j'étais podestat chez nous, que je fusse marié, et que ma femme eût des amants... » ; 5. En 1851 : « Ce n'est pas le podestat qui la (la « sentence » de mort) lit... » ; 6. Cf. scène I (p. 28) ; 7. Voir la première réplique de Claudio au début de cette scène.

Tibia. — A quel sujet?

Claudio. — Au sujet de ma femme*(**38**).

Tibia. — La voici qui vient elle-même. *(Entre Marianne.)*

Marianne[1]. — Savez-vous ce qui m'arrive pendant que vous courez les champs? J'ai reçu la visite de votre cousin.

Claudio. — Qui cela peut-il être? Nommez-le par son nom.

Marianne. — Octave, qui m'a fait une déclaration d'amour de la part de son ami Cœlio. Qui est ce Cœlio? Connaissez-vous cet homme? Trouvez bon que ni lui ni Octave ne mettent les pieds dans cette maison.

Claudio. — Je le connais; c'est le fils d'Hermia, notre voisine. Qu'avez-vous répondu à cela?

Marianne. — Il ne s'agit pas de ce que j'ai répondu. Comprenez-vous ce que je dis? Donnez ordre à vos gens qu'ils ne laissent entrer ni cet homme ni son ami. Je m'attends à quelque importunité de leur part, et je suis bien aise de l'éviter. *(Elle sort.)*

Claudio[2]. — Que penses-tu de cette aventure, Tibia? Il y a quelque ruse là-dessous.

Tibia.— Vous croyez, Monsieur[3]?

Claudio. — Pourquoi n'a-t-elle pas voulu dire ce qu'elle a répondu? La déclaration[4] est impertinente, il est vrai; mais la réponse mérite d'être connue. J'ai le soupçon que ce Cœlio est l'ordonnateur de toutes ces guitares.

Tibia. — Défendre votre porte à ces deux hommes est un moyen excellent de les éloigner[5].

Claudio. — Rapporte-t'en à moi. — Il faut que je fasse part de cette découverte à ma belle-mère. J'imagine que ma femme me trompe, et que toute cette fable est une pure invention pour me faire prendre le change, et troubler entièrement mes idées[6]. *(Ils sortent*[39-40].)*

1. Scène ix en 1851; 2. Scène x en 1851; 3. Cette réplique est décidément un leitmotiv caractéristique de Tibia (cf. p. 43, note 4), comparable à ces répétitions typiques de certaines scènes moliéresques (« sans dot! » — « le pauvre homme! », « qu'allait-il faire dans cette galère? »); mais le procédé est ici moins appuyé; 4. Celle de Cœlio par le truchement d'Octave; 5. « Lapalissade », mais Tibia veut dire que les soupirants se décourageront vite devant une attitude ferme; 6. Cf. Appendice, 4, p. 73.

ACTE II[1]

Scène première.

Une rue

Entrent OCTAVE et CIUTA[2]

OCTAVE. — Il y renonce, dites-vous ?

CIUTA. — Hélas! pauvre jeune homme! Il aime plus que jamais, et[3] sa mélancolie se trompe elle-même sur les désirs qui la nourrissent. Je croirais presque qu'il se défie de vous[4], de moi, de tout ce qui l'entoure*(41).

OCTAVE. — Non, par le ciel! je n'y renoncerai pas; je me sens moi-même une autre Marianne, et il y a du plaisir à être entêté. Ou Cœlio réussira ou j'y perdrai ma langue.

CIUTA. — Agirez-vous contre sa volonté ?

OCTAVE. — Oui, pour agir d'après la mienne, qui est sa sœur aînée[5], et pour envoyer aux enfers messer[6] Claudio le juge, que je déteste, méprise et abhorre depuis les pieds jusqu'à la tête*(42).

CIUTA. — Je lui porterai donc votre réponse[7], et, quant à moi, je cesse de m'en mêler.

OCTAVE. — Je suis comme un homme qui tient la banque d'un pharaon[8] pour le compte d'un autre, et qui a la veine contre lui; il noierait plutôt son meilleur ami que de céder, et la colère de perdre avec l'argent d'autrui l'enflamme cent fois plus que ne le ferait sa propre ruine[9]. (*Entre Cœlio*[10].) Comment, Cœlio, tu abandonnes la partie*(43)!

1. Cf. Notice, p. 11; 2. Pippo au lieu de Ciuta tout au long de la scène en 1851; 3. Fin de phrase supprimée en 1851; 4. La sensibilité de Cœlio aiguisée par le malheur le porte volontiers à la défiance (cf. ses propos lorsqu'il quitte Octave, acte I, scène I) : l'attitude de Ciuta à la scène II de l'acte II en est, d'autant plus condamnable; 5. Au nom d'une « expérience » assez discutable, Octave prend volontiers une attitude protectrice à l'égard de Cœlio (cf. I, I : « Parle, Cœlio, mon cher enfant »); 6. *Messer* : vieux mot italien équivalent de « messire »; il appartient au vocabulaire traditionnel des conteurs (Marot, La Fontaine) et a une valeur ironique (cf. messer Blazius dans *On ne badine pas avec l'amour*, I, I); 7. En 1851 : « PIPPO. — Faites-lui donc vous-même votre réponse, car la voici; et quant à moi... »; 8. La « banque » est l'ensemble des fonds engagés par celui qui tient le jeu. Le « pharaon » est un jeu de cartes où le banquier joue seul contre tous; chacun des joueurs mise sur une des 52 cartes; le banquier a un autre jeu semblable, d'où il tire 2 cartes, une à droite pour lui, une à gauche pour les joueurs; il gagne sur la carte de droite et double les mises sur celle de gauche (cf. Beaumarchais, *Mariage de Figaro*, V, III); 9. Tirade rejetée à la scène III en 1851. Cf. Appendice, 5, p. 73, 10. Scène II en 1851.

Cœlio. — Que veux-tu que je fasse?

Octave. — Te défies-tu de moi*(**44**)? Qu'as-tu? te voilà pâle comme la neige. — Que se passe-t-il en toi?

Cœlio. — Pardonne-moi[1], pardonne-moi! Fais ce que tu voudras; va trouver Marianne. — Dis-lui que me tromper, c'est me donner la mort, et que ma vie est dans ses yeux[2]. *(Il sort.)*

Octave. — Par le ciel, voilà qui est étrange!

Ciuta. — Silence! vêpres[3] sonnent; la grille du jardin vient de s'ouvrir; Marianne sort. — Elle approche lentement. *(Ciuta se retire. — Entre Marianne.)*

Octave[4]. — Belle Marianne, vous dormirez tranquillement. — Le cœur de Cœlio est à une autre*(**45**), et ce n'est plus sous vos fenêtres qu'il donnera ses sérénades.

Marianne. — Quel dommage! et quel grand malheur de n'avoir pu partager un amour comme celui-là! Voyez! comme le hasard me contrarie! Moi qui allais l'aimer.

Octave. — En vérité?

Marianne. — Oui, sur mon âme, ce soir ou demain matin, dimanche au plus tard, je lui appartenais*(**46**). Qui pourrait ne pas réussir avec un ambassadeur tel que vous? Il faut croire que sa passion pour moi était quelque chose comme du chinois ou de l'arabe, puisqu'il lui fallait un interprète, et qu'elle ne pouvait s'expliquer toute seule.

Octave. — Raillez, raillez! nous[5] ne vous craignons plus.

Marianne. — Ou peut-être que cet amour n'était encore qu'un pauvre enfant à la mamelle, et vous, comme une sage nourrice, en le menant à la lisière, vous l'aurez laissé tomber la tête la première en le promenant par la ville[6].

---

1. Passage remanié en 1851 : « Octave. — ... pâle comme la neige. D'où viens-tu ? — Célio. — De chez ma mère. — Octave. — Pourquoi cette tristesse ? — Célio. — Je ne sais. Pardonne-moi. » ; **2.** Cf. Appendice, 5, p. 75 ; **3.** Suppression normale de l'article défini devant un nom désignant une division du temps. Les vêpres sont la partie de l'office liturgique dite vers 2 ou 3 heures de l'après-midi : la pieuse Marianne ne manque pas une cérémonie du culte (ne pas oublier que le lieu de l'action est situé en Italie) ; **4.** Scène IV en 1851 ; **5.** Plus qu'Octave et Cœlio, ce pluriel désigne Cœlio seul : Octave, son ambassadeur, prend sur lui d'interpréter ainsi les sentiments de son ami. Cet emploi particulier (« nous » équivaut à « il ») se rencontre dans les scènes parallèles entre maîtres et valets, chez Molière (scène de dépit amoureux du *Bourgeois gentilhomme* [III, x]) et surtout chez Marivaux (*la Surprise de l'amour* ; *le Jeu de l'amour et du hasard* [I, II], par exemple) ; **6.** Métaphore continuée, à la manière précieuse. Musset l'emprunte à Marivaux (*le Jeu de l'amour et du hasard* [II, III]).

OCTAVE. — La sage nourrice s'est contentée de lui faire boire d'un certain lait que la vôtre vous a versé sans doute, et généreusement; vous en avez encore sur les lèvres une goutte qui se mêle à toutes vos paroles.

MARIANNE. — Comment s'appelle ce lait merveilleux?

OCTAVE. — L'indifférence*(**47**). Vous ne pouvez ni aimer ni haïr, et vous êtes comme les roses du Bengale, Marianne, sans épines et sans parfum.

MARIANNE. — Bien dit. Aviez-vous préparé d'avance cette comparaison? Si vous ne brûlez pas le brouillon de vos harangues, donnez-le-moi de grâce que je les apprenne à ma perruche¹.

OCTAVE. — Qu'y trouvez-vous qui puisse vous blesser? Une fleur sans parfum n'en est pas moins belle; bien au contraire, ce sont les plus belles que Dieu a faites ainsi; et² le jour où, comme une Galatée³ d'une nouvelle espèce, vous deviendrez de marbre⁴ au fond de quelque église⁵, ce sera une charmante statue que vous ferez, et qui ne laissera pas que de trouver quelque niche respectable dans un confessionnal⁶*(**48**).

MARIANNE. — Mon cher cousin, est-ce que vous ne plaignez pas le sort des femmes? Voyez un peu ce qui m'arrive. Il est décrété par le sort que Cœlio m'aime, ou qu'il croit m'aimer*(**49**), lequel Cœlio le dit à ses amis, lesquels amis décrètent à leur tour que, sous peine de mort,

---

1. *Perruche* : variété de perroquets de petite taille et à queue longue. La raillerie est évidemment outrée, car beaucoup de perruches ne disent mot;
2. En 1851, Musset remplace toute la fin de la tirade par ces mots : « ... et il me semble que sur ce point là, vous n'avez pas le droit de vous plaindre »;
3. Ce ne peut être la nymphe antique aimée d'Acis et dédaigneuse du cyclope Polyphème. Musset a-t-il songé à une autre fable illustre, celle de Pygmalion ? Il aurait, en ce cas, pris l'histoire à contresens, car le processus en est rigoureusement inverse de celui qu'il imagine pour Marianne : ce roi de Chypre, ayant sculpté une statue féminine d'ivoire (et non de marbre), en devint follement amoureux et obtint de Vénus qu'elle l'animât (Octave envisage au contraire la pétrification de Marianne). Peut-être a-t-il eu en vue cette princesse légendaire de Celtique qui, fière de sa beauté, rebutait tous ses prétendants (sauf Hercule, dont elle aurait eu un fils, ancêtre éponyme des Galates ou Gaulois : cf. Diodore de Sicile [V, 24]). On a l'impression que Musset combine la fierté rebutante de cette dernière avec le vague souvenir de la statue de Pygmalion, et l'on notera que l'insensibilité est le trait commun et symbolique des légendes concernant les trois Galatées; 4. Le marbre a toujours été le symbole poétique de l'insensibilité amoureuse; 5. Raillerie piquante pour la dévotion affichée de Marianne : Octave l'imagine métamorphosée en statue non pas de nymphe antique, mais de vierge ou de sainte de style Renaissance et semi-galant. — Noter les deux alexandrins successifs; 6. Terme assez impropre; Musset pense plutôt à une chapelle latérale ou à une absidiole.

je serai sa maîtresse[1]. La jeunesse napolitaine daigne m'envoyer en votre personne un digne représentant, chargé de me faire savoir que j'aie à aimer ledit seigneur Cœlio d'ici à une huitaine de jours[2]. Pesez cela, je vous en prie. Si je me rends, que dira-t-on de moi ? N'est-ce pas une femme bien abjecte que celle qui obéit à point nommé, à l'heure convenue, à une pareille proposition ? Ne va-t-on pas la déchirer à belles dents, la montrer au doigt, et faire de son nom le refrain d'une chanson à boire ? Si elle refuse, au contraire, est-il un monstre qui lui soit comparable ? Est-il une statue plus froide qu'elle[3], et l'homme qui lui parle, qui ose l'arrêter en place publique son livre de messe à la main[4], n'a-t-il pas le droit de lui dire : Vous êtes une rose du Bengale sans épines et sans parfum !

Octave. — Cousine, cousine, ne vous fâchez pas.

Marianne. — N'est-ce pas une chose bien ridicule que l'honnêteté et la foi jurée ? que l'éducation d'une fille, la fierté d'un cœur qui s'est figuré qu'il vaut quelque chose, et[5] qu'avant de jeter au vent la poussière de sa fleur chérie, il faut que le calice en soit baigné de larmes, épanoui par quelques rayons de soleil, entr'ouvert par une main délicate ? Tout cela n'est-il pas un rêve, une bulle de savon que le premier soupir d'un cavalier à la mode doit évaporer dans les airs ?

Octave. — Vous vous méprenez sur mon compte et sur celui de Cœlio*(50).

Marianne. — Qu'est-ce après tout qu'une femme ? L'occupation d'un moment, une coupe fragile qui renferme une goutte de rosée, qu'on porte à ses lèvres et qu'on jette par-dessus son épaule. Une femme ! c'est une partie de plaisir[6] ! Ne pourrait-on pas dire quand on en rencontre

---

1. En 1851 : « ... que, sous peine de mort, je l'aimerai » ; 2. Noter la parodie du style juridique : Marianne en a pris quelque teinture auprès de Claudio ; 3. Marianne a donc bien compris l'image de la statue comme un reproche d'insensibilité ; 4. Comme Octave vient justement de le faire. Il est, bien sûr, son parent par alliance, mais nous sommes en Italie au XVI⁰ siècle, et les règles de bienséance sont strictes pour les femmes d'un certain rang ; 5. En 1851, Musset modifie ainsi la fin de la phrase : « ... et qui, pour mériter le respect des autres, commence par se respecter lui-même ? » — Ces belles protestations de moralité et d'idéalisme porteraient plus, si la jeune et fraîche Marianne n'était pas l'épouse du vieux Claudio ; 6. Passage remanié comme suit en 1851 : « ... l'occupation d'un moment, une ombre vaine qu'on fait semblant d'aimer, pour le plaisir de dire qu'on aime. Une femme ! c'est une distraction... » Cette correction a le tort de supprimer l'image de la coupe, qui prépare les propos échangés sous la tonnelle par les mêmes interlocuteurs.

une : « Voilà une belle nuit qui passe ? Et ne serait-ce pas un grand écolier en de telles matières, que celui qui baisserait les yeux devant elle, qui se dirait tout bas : « Voilà peut-être le bonheur d'une vie entière », et qui la laisserait passer[1]★(**51**) ? *(Elle sort.)*

OCTAVE[2], *seul.* — Tra, tra, poum ! poum ! tra deri la la[3]. Quelle drôle de petite femme ! hai[4] ! hola ! *(Il frappe à une auberge.)* Apportez-moi ici, sous cette tonnelle, une bouteille de quelque chose.

LE GARÇON. — Ce qui vous plaira, Excellence[5]. Voulez-vous du lacryma-christi[6] ?

OCTAVE. — Soit, soit. Allez-vous-en un peu chercher dans les rues d'alentour le seigneur Cœlio, qui porte un manteau noir et des culottes plus noires encore. Vous lui direz qu'un de ses amis est là qui boit tout seul du lacryma-christi. Après quoi, vous irez à la grande place, et vous m'apporterez[7] une certaine Rosalinde[8] qui est rousse et qui est toujours à sa fenêtre[9]. *(Le garçon sort[10].)*

Je ne sais ce que j'ai dans la gorge ; je suis triste comme une procession. *(Buvant.)* Je ferai aussi bien de dîner ici ; voilà le jour qui baisse. Drig ! drig ! quel ennui que ces vêpres[11] ! est-ce que j'ai envie de dormir ? je me sens tout pétrifié★(**52**). *(Entrent Claudio et Tibia.)*

Cousin Claudio, vous êtes un beau juge ; où allez-vous si couramment[12] ?

CLAUDIO. — Qu'entendez-vous par là, seigneur Octave ?

---

1. Conclusion surprenante, mais d'une vérité psychologique profonde : après la colère précédente, voici presque une invite à poursuivre ; **2.** Scène V en 1851 ; **3.** Notation de quelque refrain : Octave chante ; **4.** Variante orthographique de « hé ! », pour appeler ; **5.** La servilité du garçon est fonction de la désinvolture d'Octave, et bien italienne ; on trouverait de multiples exemples analogues depuis Molière (*le Bourgeois gentilhomme* [II, IX]). Voir en particulier *Il ne faut jurer de rien* [III, I] ; **6.** Un des crus les plus renommés d'Italie qui pousse dans le terroir volcanique au pied du Vésuve, et donne un muscat doux très coloré. Selon une anecdote, un Polonais, qui l'avait fortement apprécié, se serait écrié : *O Domine, cur non etiam in terris nostris lacrymatus es ?* (« Seigneur, pourquoi n'avez-vous point pleuré aussi dans nos pays ? ») ; **7.** En 1851, l'auteur supprime cette vigoureuse et amusante expression en écrivant : « ... et vous remettrez ceci de ma part *(il lui donne un feuillet de ses tablettes)* à une certaine Rosalinde... » ; **8.** Cf. p. 26, note 2 ; **9.** Évidemment pour les besoins de sa profession ; **10.** Scène VI en 1851 ; **11.** Depuis : « Voilà le jour... », passage supprimé en 1851 ; **12.** Au sens dernier : « en courant, avec rapidité ». Littré ne connaît que le sens ordinaire : « avec facilité » (lire ou écrire *couramment*). En 1851, Musset le remplace par le banal « vite ».

OCTAVE. — J'entends que vous êtes un magistrat qui a de belles formes[1].

CLAUDIO. — De langage, ou de complexion?

OCTAVE. — De langage, de langage. Votre perruque est pleine d'éloquence, et vos jambes sont deux charmantes parenthèses.

CLAUDIO. — Soit dit en passant, seigneur Octave, le marteau de ma porte m'a tout l'air de vous avoir brûlé les doigts*(.3).

OCTAVE. — En quelle façon, juge plein de science?

CLAUDIO. — En y voulant frapper, cousin plein de finesse[2].

OCTAVE. — Ajoute[3] hardiment plein de respect, juge, pour le marteau de ta porte; mais tu peux le faire peindre à neuf, sans que je craigne de m'y salir les doigts.

CLAUDIO. — En quelle façon, cousin plein de facéties?

OCTAVE. — En n'y frappant jamais, juge plein de causticité[4].

CLAUDIO. — Cela vous[5] est pourtant arrivé, puisque ma femme a enjoint à ses gens de vous fermer la porte au nez à la première occasion.

OCTAVE. — Tes lunettes sont myopes[6], juge plein de grâce : tu te trompes d'adresse dans ton compliment.

CLAUDIO. — Mes lunettes sont excellentes, cousin plein de riposte : n'as-tu pas fait à ma femme une déclaration amoureuse?

OCTAVE. — A quelle occasion, subtil magistrat?

CLAUDIO. — A l'occasion de ton ami Cœlio, cousin; malheureusement j'ai tout entendu[7].

---

1. Jeu de mots et raillerie classique envers les gens de justice (cf. dans *le Mariage de Figaro* le conseiller Brid'oison, gardien de la « fôôrme » et les médecins moliéresques de *l'Amour médecin* [II, III et v]); 2. Encore un alexandrin; 3. Noter le brusque passage au tutoiement désinvolte; 4. Claudio ne se démonte pas, et Octave est quelque peu piqué de ses railleries malignes; 5. L'emploi du « vous » implique que Claudio conserve encore son sang-froid. Lorsque le dialogue deviendra plus vif, il passera lui aussi au tutoiement; 6. Être myope, c'est avoir la vue courte; le terme s'applique plus justement aux yeux, les lunettes étant faites pour corriger la myopie. Peu exact, en outre, car le myope ne confond pas forcément les objets. Le mot est donc employé fantaisistement; 7. C'est inexact : Claudio n'a appris qu'indirectement les faits, mais il cherche à impressionner Octave.

OCTAVE. — Par quelle oreille, sénateur[1] incorruptible ?

CLAUDIO. — Par celle de ma femme[2], qui m'a tout raconté, godelureau[3] chéri.

OCTAVE. — Tout absolument, juge idôlatré ? Rien n'est resté dans cette charmante oreille ?

CLAUDIO. — Il y est resté sa réponse[4], charmant pilier de cabaret, que je suis chargé de te faire[5].

OCTAVE. — Je ne suis pas chargé de l'entendre, cher procès-verbal.

CLAUDIO. — Ce sera donc ma porte en personne qui te la fera, aimable croupier de roulette[6], si tu t'avises de la consulter.

OCTAVE. — C'est ce dont je ne me soucie guère, chère sentence de mort ; je vivrai heureux sans cela.

CLAUDIO. — Puisses-tu le faire en repos, cher cornet de passe-dix[7] ! je te souhaite mille prospérités.

OCTAVE. — Rassure-toi sur ce sujet, cher verrou de prison ! je dors tranquille comme une audience[8]★(54). *(Sortent Claudio et Tibia.)*

OCTAVE, *seul.* — Il me semble que voilà Cœlio qui s'avance de ce côté. Cœlio ! Cœlio ! A qui diable en a-t-il ? *(Entre Cœlio.)*

1. Encore un à-peu-près fantaisiste, mais Claudio, âgé, personnage important et sérieux, peut faire partie d'un sénat local ; 2. Raccourci amusant : c'est de la bouche et non de l'oreille de Marianne qu'il a tout appris : l'oreille de Marianne a servi d'intermédiaire ; 3. *Godelureau :* jeune galant (étymologie obscure : peut-être pour *goguelureau,* de *goguelu :* content de soi ; ou de *galureau,* croisement de *galant* et de *luron*). Le terme est péjoratif ; 4. Expression amusante, destinée à surprendre, mais peu claire si on la creuse : la réponse de Marianne n'a pu en aucune manière rester dans son oreille, à elle... ; 5. Pas tout à fait : Marianne l'a seulement prié (I, III) de donner ses ordres pour qu'on ne laisse entrer ni Octave ni Cœlio chez elle. Et Claudio a d'ailleurs déjà fait ci-dessus la commission en question ; 6. Le *croupier* tient le jeu pour le compte du banquier dans les établissements de jeu (désigne aussi plus généralement tout associé du joueur qui tient la carte ou le dé ; proprement « celui qui est en croupe d'un autre cavalier »). — La *roulette,* jeu de hasard, est un cercle divisé en sections noires et blanches numérotées, sur lequel on fait « rouler » une boule d'ivoire qui heurte des obstacles divers avant de s'arrêter sur une des cases ; on gagne si la case est de la couleur de la boule, on perd si elle est de couleur contraire. — La référence au jeu est constante d'un bout à l'autre de l'œuvre de Musset : cf. Dalti dans *Portia,* Frank dans *la Coupe et les lèvres* ; voir *Une bonne fortune* (strophes 12 à 18), *la Confession d'un enfant du siècle* (II, II) et le rôle de Steinberg dans *Bettine.* Noter aussi l'appropriation de ces images au personnage d'Octave, qui emprunte lui-même volontiers ses comparaisons au langage du jeu ou de la boisson ; 7. *Passe-dix :* jeu de hasard à 3 dés, où l'un des joueurs parie amener plus de 10 points (= passer 10) ; 8 En 1851 : « ... tranquille comme à l'audience ». — Encore une correction qui substitue à une formule originale une expression banale.

Sais-tu, mon cher ami, le beau tour que nous joue ta princesse! Elle a tout dit à son mari!

Cœlio. — Comment le sais-tu?

Octave. — Par la meilleure de toutes les voies possible. Je quitte à l'instant Claudio. Marianne nous fera fermer la porte au nez, si nous nous avisons de l'importuner davantage.

Cœlio. — Tu l'as vue tout à l'heure; que t'avait-elle dit*(55)?

Octave. — Rien qui pût me faire pressentir cette douce nouvelle*(56); rien d'agréable cependant. Tiens, Cœlio, renonce à cette femme. Holà! un second verre!

Cœlio. — Pour qui?

Octave. — Pour toi. Marianne est une bégueule[1]; je ne sais trop ce qu'elle m'a dit ce matin, je suis resté comme une brute sans pouvoir lui répondre. Allons! n'y pense plus; voilà qui est convenu; et que le ciel m'écrase si je lui adresse jamais la parole*(57). Du courage, Cœlio, n'y pense plus.

Cœlio. — Adieu, mon cher ami.

Octave. — Où vas-tu?

Cœlio. — J'ai affaire en ville ce soir*(58).

Octave. — Tu as l'air d'aller te noyer. Voyons, Cœlio, à quoi penses-tu? Il y a d'autres Mariannes sous le ciel. Soupons ensemble, et moquons-nous de cette Marianne-là.

Cœlio. — Adieu, adieu, je ne puis m'arrêter plus long-temps*(59). Je te verrai demain, mon ami*(60). *(Il sort.)*

Octave. — Cœlio! Écoute donc! nous te trouverons une Marianne bien gentille, douce comme un agneau*(61), et n'allant point à vêpres surtout! Ah! les maudites cloches[2]! quand auront-elles fini de me mener en terre[3]?

Le Garçon, *rentrant*[4]. — Monsieur, la demoiselle rousse[5]

---

1. *Bégueule* : prude orgueilleuse, dont la vertu s'effarouche d'un rien (orthographié autrefois *bée gueule*, dérive de *bayer*, ouvrir, et signifie : celui qui reste bouche bée, qui fait l'étonné à tout propos); 2. Octave, libertin et ambassadeur de Cœlio auprès de la pieuse Marianne, en veut doublement aux vêpres et aux cloches. Le son du carillon joint au sentiment de son échec le plonge dans une noire mélancolie, qu'il essaie de noyer dans le vin et qu'il a déjà exprimée plus haut (même scène, avant l'entrée de Claudio); 3. En 1851, Musset supprime tout le passage précédent depuis la sortie de Claudio et Tibia; 4. Scène VII en 1851; 5. Cf. plus haut : il s'agit de Rosalinde, sa maîtresse occasionnelle; elle a trouvé un autre galant, et l'« invitation » d'Octave était assez cavalière (« vous m'apporterez une certaine Rosalinde... »)

n'est point à sa fenêtre; elle ne peut se rendre à votre invitation[1].

OCTAVE. — La peste soit de tout l'univers! Est-il donc décidé que je souperai seul aujourd'hui? La nuit arrive en poste[2]; que diable vais-je devenir? Bon! bon! ceci me convient. *(Il boit.)* Je suis capable d'ensevelir ma tristesse dans ce vin, ou du moins ce vin dans ma tristesse. Ah! ah! les vêpres sont finies; voici Marianne qui revient. *(Entre Marianne.)*

MARIANNE[3]. — Encore ici, seigneur Octave? et déjà à table? C'est un peu triste de s'enivrer tout seul*(62).

OCTAVE. — Le monde entier m'a abandonné; je tâche d'y voir double, afin de me servir à moi-même de compagnie[4].

MARIANNE. — Comment! pas un de vos amis, pas une de vos maîtresses, qui vous soulage de ce fardeau terrible, la solitude?

OCTAVE. — Faut-il vous dire ma pensée? J'avais envoyé chercher une certaine Rosalinde, qui me sert de maîtresse[5], elle soupe en ville comme une personne de qualité.

MARIANNE. — C'est une fâcheuse affaire sans doute, et votre cœur en doit ressentir un vide effroyable.

OCTAVE. — Un vide que je ne saurais exprimer, et que je communique en vain à cette large coupe. Le carillon des vêpres m'a fendu le crâne pour toute l'après-dînée[6].

MARIANNE. — Dites-moi, cousin, est-ce du vin à quinze sous[7] la bouteille que vous buvez?

OCTAVE. — N'en riez pas; ce sont les larmes du Christ en personne[8].

MARIANNE. — Cela m'étonne que vous ne buviez pas du vin à quinze sous; buvez-en, je vous en supplie.

---

1. En 1851, il ajoute ici : « OCTAVE. — Que le diable l'emporte, et toi aussi! » — LE GARÇON. — Et le monsieur au manteau sombre n'est pas dans les rues d'alentour; mais j'ai rencontré son laquais à qui j'ai dit d'aller le chercher. *(Il rentre à l'auberge.)* — OCTAVE. — La peste soit... »; 2. C'est-à-dire très vite; 3. Scène VIII en 1851; 4. Le thème de la solitude et du dédoublement (au besoin artificiel) de la personnalité par lequel on tente de lui échapper n'est pas rare chez A. de Musset : cf. *Fantasio* (I, II), la tirade sur le « monsieur qui passe », et surtout *la Nuit de décembre* ; 5. En 1851 : « ... Rosalinde, qui est de mes amies... »; 6. Cf. p. 53, note 2; 7. L'expression semble peu appropriée à l'Italie du XVIe siècle; 8. Cf. p. 50, note 6. En 1851 : « ... c'est du *lacryma Christi*, ni plus ni moins, et délicieux »

" Dites-moi, cousin, est-ce du vin à quinze sous la bouteille
que vous buvez " (acte II, scène I).

OCTAVE. — Pourquoi en boirais-je, s'il vous plaît ?

MARIANNE. — Goûtez-en ; je suis sûre qu'il n'y a aucune différence avec celui-là.

OCTAVE. — Il y en a une aussi grande qu'entre le soleil et une lanterne.

MARIANNE. — Non, vous dis-je, c'est la même chose.

OCTAVE. — Dieu m'en préserve ! Vous moquez-vous de moi ?

MARIANNE. — Vous trouvez qu'il y a une grande différence ?

OCTAVE. — Assurément.

MARIANNE. — Je croyais qu'il en était du vin comme des femmes★(**63**). Une femme n'est-elle pas aussi un vase précieux, scellé comme ce flacon[1] de cristal ? Ne renferme-t-elle pas une ivresse grossière ou divine, selon sa force et sa valeur ? Et n'y a-t-il pas parmi elles le vin du peuple et les larmes du Christ[2] ? Quel misérable cœur est-ce donc que le vôtre, pour que vos lèvres lui fassent la leçon ? Vous ne boiriez pas le vin que boit le peuple ; vous aimez les femmes qu'il aime ; l'esprit[3] généreux et poétique de ce flacon doré[4], ces sucs merveilleux que la lave du Vésuve[5] a cuvés selon son ardent soleil, vous conduiront chancelant et sans force dans les bras d'une fille de joie[6] ; vous rougiriez de boire un vin grossier ; votre gorge se soulèverait. Ah ! vos lèvres sont délicates, mais votre cœur s'enivre à bon marché. Bonsoir, cousin ; puisse Rosalinde rentrer ce soir chez elle[7].

OCTAVE. — Deux mots, de grâce, belle Marianne, et ma réponse sera courte[8]. Combien de temps pensez-vous qu'il

1. Musset affectionne ce terme du vocabulaire noble, classique ou pseudo-classique (cf. I, 1 et *Don Paez* [I, v. 40]) ; 2. En 1851, les trois phrases précédentes sont supprimées ; 3. Le « bouquet » en langage gastronomique ; l'ancienne chimie qualifiait « esprits » les essences obtenues par la distillation ; 4. Métonymie (le contenant pour le contenu) ; 5. Cf. p. 50, note 6 ; 6. En 1851 : « ... vous conduiront à quelque banal semblant de plaisir... » ; 7. Rosalinde est le « vin grossier » des plaisirs vulgaires . il y a une pointe d'humeur jalouse en ce dédain. Marianne, qui s'oppose implicitement à Rosalinde et se compare elle-même au « flacon doré » de lacryma-christi, ne s'offre-t-elle pas ainsi, même sans s'en rendre compte, à Octave ? ; 8. Paul de Musset commente ainsi ce passage : « Arrivé à la fameuse scène de la bouteille, lorsqu'il eut mis dans la bouche de Marianne la tirade où il fait honte au jeune libertin d'avoir les lèvres plus délicates que le cœur et d'être plus recherché en boissons qu'en femmes, l'auteur resta étourdi de la force du raisonnement. « Il serait incroyable, dit-il, que je fusse moi-même battu par cette petite prude ! ». Mais après quelques minutes de réflexion. il imagina la réponse victorieuse d'Octave. »

faille faire la cour à la bouteille que vous voyez pour obtenir ses faveurs? Elle est, comme vous dites, toute pleine d'un esprit céleste, et le vin du peuple lui ressemble aussi peu qu'un paysan à son seigneur. Cependant, regardez comme elle se laisse faire! — Elle n'a reçu, j'imagine, aucune éducation, elle n'a aucun principe; voyez comme elle est bonne fille[1]! Un mot a suffi pour la faire sortir du couvent[2]; toute poudreuse encore, elle s'en est échappée pour me donner un quart d'heure d'oubli, et mourir. Sa couronne virginale, empourprée de cire odorante, est aussitôt tombée en poussière, et, je ne puis vous le cacher, elle a failli passer tout entière sur mes lèvres dans la chaleur de son premier baiser.

MARIANNE. — Êtes-vous sûr qu'elle en vaut davantage? Et si vous êtes un de ses vrais amants, n'iriez-vous pas, si la recette en était perdue, en chercher la dernière goutte jusque dans la bouche du volcan?

OCTAVE. — Elle n'en vaut ni plus ni moins. Elle sait qu'elle est bonne à boire et qu'elle est faite pour être bue[3]. Dieu n'en a pas caché la source au sommet d'un pic inabordable, au fond d'une caverne profonde : il l'a suspendue en grappes dorées au bord de nos chemins; elle y fait le métier des courtisanes; elle y effleure la main du passant; elle y étale aux rayons du soleil sa gorge rebondie[4], et toute une cour d'abeilles et de frelons murmure autour d'elle matin et soir. Le voyageur dévoré de soif peut se coucher sous ses rameaux verts : jamais elle ne l'a laissé languir, jamais elle ne lui a refusé les douces larmes dont son cœur[5] est plein*(64). Ah! Marianne, c'est un don fatal que la beauté*(65)! — La sagesse dont elle se vante est sœur de l'avarice, et il y a plus de miséricorde dans le ciel pour ses faiblesses que pour sa cruauté. Bonsoir, cousine; puisse Cœlio vous oublier*(6)! (*Il rentre dans l'auberge et Marianne dans sa maison*[67].)

---

1. En 1851, l'auteur remplace les trois phrases précédentes par : « Cependant, regardez comme elle est bonne personne !»; 2. En 1851 : «... du cellier »; 3. Phrase supprimée en 1851; 4. En 1851, Musset remanie comme suit le passage : « ... en grappes dorées sur nos brillants coteaux. Elle est, il est vrai, rare et précieuse, mais elle ne défend pas qu'on l'approche. Elle se laisse voir aux rayons du soleil... »; 5. L'intérieur du flacon, mais on a un peu perdu de vue l'image de la bouteille au profit de celle de la grappe.

Scène II[1].

Une autre rue.

CŒLIO, CIUTA

CIUTA. — Seigneur Cœlio, défiez-vous d'Octave[2]. Ne vous a-t-il pas dit que la belle Marianne lui avait fermé sa porte[3]?

CŒLIO. — Assurément. — Pourquoi m'en défierais-je?

CIUTA. — Tout à l'heure, en passant dans sa rue, je l'ai vu en conversation avec elle sous une tonnelle couverte.

CŒLIO. — Qu'y a-t-il d'étonnant à cela? Il aura épié ses démarches et saisi un moment favorable pour lui parler de moi.

CIUTA. — J'entends qu'ils se parlaient amicalement et comme gens qui sont de bon accord ensemble.

CŒLIO. — En es-tu sûre, Ciuta? Alors je suis le plus heureux des hommes; il aura plaidé ma cause avec chaleur.

CIUTA. — Puisse le ciel vous favoriser! (*Elle sort*★[68].)

CŒLIO. — Ah! que je fusse né dans le temps des tournois et des batailles! Qu'il m'eût été permis de porter les couleurs de Marianne et de les teindre de mon sang! Qu'on m'eût donné un rival à combattre, une armée entière à défier! Que le sacrifice de ma vie eût pu lui être utile! Je sais agir, mais je ne puis parler[4]. Ma langue ne sert point mon cœur, et je mourrai sans m'être fait comprendre, comme un muet dans une prison[5]. (*Il sort*★[69].)

Scène III[6].

Chez Claudio

CLAUDIO, MARIANNE

CLAUDIO. — Pensez-vous que je sois un mannequin, et que je me promène sur la terre pour servir d'épouvantail aux oiseaux?

1. En 1851, l'auteur supprime totalement cette scène; 2. Cf. p. 46, note 4; 3. Cf. ci-dessus dans la scène I. — Ciuta tient le renseignement ou d'Octave (début de l'acte II) ou de Cœlio lui-même, juste avant le début de cette scène-ci : la chose manque de netteté; 4. Cœlio préfigure ici très clairement le Fortunio du *Chandelier*. Il rappelle bien d'autres personnages de Musset et exprime l'âme la plus intime du poète. Cf. Notice, pp. 13 et 21-22; 5. Tirade transposée à la scène III en 1851. Cf. Appendice, 5, p. 73; 6. Scène IX en 1851.

MARIANNE. — D'où vous vient cette gracieuse idée[1] ?

CLAUDIO. — Pensez-vous qu'un juge criminel ignore la valeur des mots, et qu'on puisse se jouer de sa crédulité comme de celle d'un danseur ambulant ?

MARIANNE. — A qui en avez-vous ce soir ?

CLAUDIO. — Pensez-vous que je n'ai pas entendu vos propres paroles : si cet homme ou son ami se présente à ma porte, qu'on la lui fasse fermer*(70) ? et croyez-vous que je trouve convenable de vous voir converser librement avec lui sous une tonnelle, lorsque[2] le soleil est couché ?

MARIANNE. — Vous m'avez vue sous une tonnelle ?

CLAUDIO. — Oui, oui, de ces yeux que voilà*(71), sous la tonnelle d'un cabaret ! La tonnelle d'un cabaret n'est point un lieu de conversation pour la femme d'un magistrat, et il est inutile de faire fermer sa porte quand on se renvoie le dé[3] en plein air avec si peu de retenue.

MARIANNE. — Depuis quand m'est-il défendu de causer avec un de vos parents*(72) ?

CLAUDIO. — Quand un de mes parents est un de vos amants[4], il est fort bien fait de s'en abstenir.

MARIANNE. — Octave ! un de mes amants ? Perdez-vous la tête ? Il n'a de sa vie fait la cour à personne.

CLAUDIO. — Son caractère est vicieux. — C'est un coureur de tabagies[5]*(73).

MARIANNE. — Raison de plus pour qu'il ne soit pas, comme vous dites fort agréablement, *un de mes amants*[6]. Il me plaît de parler à Octave sous la tonnelle d'un cabaret.

CLAUDIO. — Ne me poussez pas à quelque fâcheuse extrémité par vos extravagances, et réfléchissez à ce que vous faites*(74).

MARIANNE. — A quelle extrémité voulez-vous que je vous pousse ? Je suis curieuse de savoir ce que vous feriez.

---

1. Musset semble aimer cet adjectif et ce genre de formule (cf. I, 1 : « cette gracieuse mélancolie »); **2.** Fin de phrase supprimée en 1851 ; **3.** Tenir tête à son interlocuteur (cf. se renvoyer la balle) ; le « se » est grammaticalement peu correct sans être obscur ; **4.** Encore un alexandrin rimant à l'hémistiche ; **5.** *Tabagie* : proprement, « lieu où l'on va fumer du tabac »; valeur péjorative qui équivaut à « taverne malfamée »; **6.** Noter l'écho des sonorités : « agréablement, amants ».

CLAUDIO. — Je vous défendrais de le voir, et d'échanger avec lui aucune parole, soit dans ma maison, soit dans une maison tierce, soit en plein air[1].

MARIANNE. — Ah! ah! vraiment! voilà qui est nouveau! Octave est mon parent tout autant que le vôtre; je prétends lui parler quand bon me semblera, en plein air ou ailleurs, et dans cette maison, s'il lui plaît d'y venir.

CLAUDIO. — Souvenez-vous de cette dernière phrase que vous venez de prononcer. Je vous ménage un châtiment exemplaire, si vous allez contre ma volonté.

MARIANNE. — Trouvez bon que j'aille d'après la mienne, et ménagez-moi ce qui vous plaît. Je m'en soucie comme de cela[2].

CLAUDIO. — Marianne, brisons cet entretien. Ou vous sentirez l'inconvenance de s'arrêter sous une tonnelle, ou vous me réduirez à une violence*(75) qui répugne à mon habit*(76). (*Il sort.*)

MARIANNE[3], *seule.* — Holà! quelqu'un! (*Un domestique entre.*)

Voyez-vous là-bas dans cette rue[4] ce jeune homme assis devant une table, sous cette tonnelle? Allez lui dire que j'ai à lui parler, et qu'il prenne la peine d'entrer dans ce jardin. (*Le domestique sort.*)

Voilà qui est nouveau! Pour qui me prend-on? Quel mal y a-t-il donc? Comment suis-je donc faite[5] aujourd'hui? Voilà une robe affreuse. Qu'est-ce que cela signifie? — Vous[6] me réduirez à la violence! Quelle violence? Je voudrais que ma mère fût là. Ah, bah! elle est de son avis, dès qu'il dit un mot. J'ai une envie de battre quelqu'un! (*Elle renverse les chaises.*) Je suis bien sotte en vérité! Voilà Octave qui vient. — Je voudrais qu'il le rencontrât[7]. —

1. La phrase imite comiquement les tournures d'un arrêt de justice; 2. Un geste railleur accompagne évidemment la phrase; 3. Scène x en 1851; 4. En 1851 : « ... dans cette maison... » (elle désigne ainsi l'auberge qui fait face à la maison de Claudio dans le décor unique de la version scénique); 5. *Faite* : habillée ou arrangée : l'expression a une valeur assez large et ne vise pas le seul ajustement des habits. Elle témoigne d'une instinctive coquetterie; 6. Elle s'adresse à son mari comme s'il était présent, en reprenant les expressions dont il a usé (style « pseudo-direct »; sous-entendre : « Il a dit : Vous me réduirez... ») et en mimant au besoin ses gestes et son ton; 7. En 1851, l'auteur supprime ces deux phrases. — Le pronom « il », comme plus haut et comme à la fin du monologue, désigne Claudio, « le » représente Octave.

Ah! c'est donc là le commencement? On me l'avait prédit[1]. — Je le savais. — Je m'y attendais! Patience, patience, il me ménage un châtiment! et lequel, par hasard? Je voudrais bien savoir ce qu'il veut dire★(**77**)! *(Entre Octave[2].)*

Asseyez-vous[3], Octave, j'ai à vous parler.

Octave. — Où voulez-vous que je m'assoie? Toutes les chaises sont les quatre fers en l'air. — Que vient-il donc de se passer ici?

Marianne. — Rien du tout.

Octave. — En vérité, cousine, vos yeux disent le contraire.

Marianne. — J'ai réfléchi à ce que vous m'avez dit sur le compte de votre ami Cœlio★(**78**). Dites-moi, pourquoi ne s'explique-t-il pas lui-même[4]?

Octave. — Par une raison assez simple. — Il vous a écrit, et vous avez déchiré ses lettres. Il vous a envoyé quelqu'un, et vous lui avez fermé la bouche. Il vous a donné des concerts, vous l'avez laissé dans la rue. Ma foi, il s'est donné au diable, et on s'y donnerait à moins.

Marianne. — Cela veut dire qu'il a songé à vous[5]?

Octave. — Oui.

Marianne. — Eh bien! parlez-moi de lui.

Octave. — Sérieusement?

Marianne. — Oui, oui, sérieusement. Me voilà. J'écoute.

Octave. — Vous voulez rire?

Marianne. — Quel pitoyable avocat êtes-vous donc? Parlez, que je veuille rire ou non.

Octave. — Que regardez-vous à droite et à gauche[6]? En vérité, vous êtes en colère.

Marianne. — Je veux prendre un amant, Octave..., sinon

---

1. Ce « on » peut être sa mère, mais plus vraisemblablement les amies ou les religieuses du couvent où elle a été éduquée (cf. *On ne badine pas avec l'amour*, II, v, et des indications analogues chez Marivaux, *le Jeu de l'amour et du hasard*, I, I); 2. Scène XI en 1851; 3. L'invitation a une valeur comique, Marianne venant de renverser les chaises. — En 1851, l'auteur la supprime et écrit : « Approchez-vous... » La version scénique supprime aussi les trois répliques suivantes; 4. Parlant de Cœlio, c'est à Octave que pense en vérité Marianne : c'est une invitation indirecte à s'expliquer lui-même pour son propre compte; 5. Sarcasme assez peu original, dont on pourrait trouver l'équivalent dans *Hernani* (III, IV, v. 983); 6. Sans doute regarde-t-elle si Claudio les épie, mais moins par crainte d'être surprise que par désir de bravade.

un amant, du moins un cavalier*(**79**). Que me conseillez-vous ? Je m'en rapporte à votre choix. — Cœlio ou tout autre, peu m'importe ; — dès demain, — dès ce soir, — celui qui aura la fantaisie de chanter sous mes fenêtres trouvera ma porte entr'ouverte. Eh bien ! Vous ne parlez pas ? Je vous dis que je prends un amant* (**80**). Tenez, voilà mon écharpe en gage : — qui vous voudrez, la rapportera[1].

OCTAVE. — Marianne ! quelle que soit la raison qui a pu vous inspirer une minute de complaisance*(**81**), puisque vous m'avez appelé, puisque vous consentez à m'entendre, au nom du ciel, restez la même une minute encore, permettez-moi de vous parler ! (*Il se jette à genoux.*)

MARIANNE. — Que voulez-vous me dire ?

OCTAVE. — Si jamais homme au monde a été digne de vous comprendre, digne de vivre et de mourir pour vous, cet homme est Cœlio. Je n'ai jamais valu grand-chose, et je me rends cette justice, que la passion dont je fais l'éloge trouve un misérable interprète. Ah ! si vous saviez sur quel autel sacré vous êtes adorée comme un Dieu[2] ! Vous, si belle, si jeune, si[3] pure encore, livrée à un vieillard qui n'a plus de sens, et qui n'a jamais eu de cœur ! Si vous saviez quel trésor de bonheur, quelle mine féconde repose en vous ! en lui ! dans cette fraîche aurore de jeunesse, dans cette rosée céleste de la vie, dans ce premier accord de deux âmes jumelles[4] ! Je ne vous parle pas de sa souffrance, de cette douce et triste mélancolie qui ne s'est jamais lassée de vos rigueurs, et qui en mourrait sans se plaindre[5]. Oui, Marianne, il en mourra[6]. Que puis-je vous dire ? Qu'inventerais-je pour donner à mes paroles la force qui leur manque ? Je ne sais pas le langage de l'amour. Regardez dans votre âme ; c'est elle qui peut vous parler de la sienne. Y a-t-il un pouvoir capable de vous toucher[7] ? Vous qui savez supplier Dieu,

---

1. Cf. Appendice, 6, p. 75 ; 2. Phrase supprimée en 1851 ; 3. Fin de phrase supprimée en 1851 ; 4. Deux des plus jolies scènes sorties de la plume de Musset (*A quoi rêvent les jeunes filles* [II, vi] et *Il ne faut jurer de rien* [III, v]) pourraient servir de commentaire à cette phrase ; 5. Cf. dans *le Chandelier* (II, iv) la chanson de Fortunio ; 6. Phrase d'une tragique sobriété dans son double sens (cf. le « Vous y serez, ma fille », de Racine, *Iphigénie* [II, ii]) ; 7. Malgré ses déclarations d'incompétence (« je ne sais pas le langage de l'amour »), le plaidoyer d'Octave touche Marianne : c'est qu'il puise son éloquence non dans l'amour de Cœlio, mais dans ses propres sentiments, dans l'attrait instinctif qu'il éprouve pour la jeune femme et qu'il n'ose s'avouer. Marianne le sent bien et sa réplique le révèle. — Il y a quelque similitude avec les aveux involontaires qu'adresse Phèdre à Hippolyte, tout en lui parlant ou croyant lui parler de Thésée (*Phèdre*, II, v).

existe-t-il une prière qui puisse rendre ce dont mon cœur est plein[1]*(82)?

MARIANNE. — Relevez-vous, Octave. En vérité, si quelqu'un entrait ici, ne croirait-on pas, à vous entendre, que c'est pour vous que vous plaidez?

OCTAVE. — Marianne! Marianne! au nom du ciel, ne souriez pas! ne fermez pas votre cœur au premier éclair qui l'ait peut-être traversé! Ce[2] caprice de bonté, ce moment précieux va s'évanouir. — Vous avez prononcé le nom de Cœlio; vous avez pensé à lui, dites-vous. Ah! si c'est une fantaisie, ne me la gâtez pas. — Le bonheur d'un homme en dépend.

MARIANNE. — Êtes-vous sûr qu'il ne me soit pas permis de sourire*(83)?

OCTAVE. — Oui, vous avez raison; je sais tout le tort que mon amitié peut faire. Je sais qui je suis, je le sens; un pareil langage dans ma bouche a l'air d'une raillerie. Vous doutez de la sincérité de mes paroles; jamais peut-être je n'ai senti avec plus d'amertume qu'en ce moment le peu de confiance que je puis inspirer.

MARIANNE. — Pourquoi cela? Vous voyez que j'écoute. Cœlio me déplaît; je ne veux pas de lui. Parlez-moi de quelque autre, de qui vous voudrez. Choisissez-moi[2] dans vos amis un cavalier digne de moi; envoyez-le-moi, Octave. Vous voyez que je m'en rapporte à vous*(84).

OCTAVE. — O femme trois fois femme[3]! Cœlio vous déplaît, — mais le premier venu vous plaira. L'homme qui vous aime depuis un mois, qui s'attache à vos pas, qui mourrait de bon cœur sur un mot de votre bouche, celui-là vous déplaît! Il est jeune, beau, riche et digne en tout point de vous; mais il vous déplaît! et le premier venu vous plaira!

MARIANNE. — Faites ce que je vous dis, ou ne me revoyez pas*(85). (*Elle sort**[86]*.)

OCTAVE[4], *seul*. — Ton écharpe est bien jolie, Marianne,

---

1. C'est ici, dans le texte de 1851, qu'est reportée l'indication scénique précédente : « Il se jette à genoux. »; 2. En 1851, l'auteur supprime toute la fin de la tirade; 3. Cf. une exclamation analogue au début du monologue de Figaro (*Mariage de Figaro*, V, III); 4. Scène XII en 1851.

et ton petit caprice[1] de colère est un charmant traité de paix[2]. — Il ne me faudrait pas beaucoup d'orgueil pour le comprendre : un peu de perfidie suffirait. Ce sera pourtant Cœlio qui en profitera. (*Il sort*★[87].)

SCÈNE IV.

Chez Cœlio.

CŒLIO UN DOMESTIQUE

CŒLIO. — Il est en bas, dites-vous? Qu'il monte. Pourquoi ne le faites-vous pas monter sur-le-champ? (*Entre Octave*[3].)

Eh bien! mon ami, quelle nouvelle?

OCTAVE. — Attache ce chiffon[4] à ton bras droit, Cœlio; prends ta guitare et ton épée. — Tu es l'amant de Marianne[5].

CŒLIO. — Au nom du ciel, ne te ris pas de moi.

OCTAVE. — La nuit est belle; — la lune va paraître à l'horizon. Marianne est seule, et sa porte est entr'ouverte. Tu es un heureux garçon, Cœlio[6].

CŒLIO. — Est-ce vrai? — est-ce vrai? Ou tu es ma vie, Octave, ou tu es sans pitié.

OCTAVE. — Tu n'es pas encore parti[7]? Je te dis que tout est convenu. Une chanson sous sa fenêtre; cache-toi un peu le nez dans ton manteau, afin que les espions du mari ne te reconnaissent pas. Sois sans crainte, afin qu'on te craigne; et si elle résiste, prouve-lui qu'il est un peu tard.

CŒLIO. — Ah! mon Dieu, le cœur me manque.

---

1. En 1851, l'auteur affadit la réplique en écrivant : « Vous êtes bien jolie, Marianne, et votre petit caprice... » — Octave n'a que vaguement deviné les origines du revirement de la jeune femme, à savoir l'irritation qu'ont provoquée les remontrances de Claudio (cf. son monologue à la scène IV); 2. Marianne a signé la paix avec Octave et Cœlio en consentant à écouter les déclarations d'amour qu'elle repoussait jusqu'à présent; 3. Scène XIII en 1851. Dans la version scénique, Octave, qui n'a pas quitté le plateau, y est rejoint par Cœlio, dont la première réplique devient : « Tu m'as fait demander, mon ami; eh bien, quelle nouvelle? »; 4. C'est l'écharpe que Marianne lui a remise à la scène précédente. Ainsi se réalise le vœu qu'avait exprimé Cœlio à la scène II; 5. Phrase supprimée et remplacée en 1851 par : « Notre cause est à moitié gagnée. »; 6. En 1851, Musset modifie ces deux phrases comme suit : « Marianne sera seule ce soir derrière sa jalousie; elle consent à t'écouter. »; 7. Phrase supprimée en 1851

OCTAVE. — Et à moi aussi, car je n'ai dîné qu'à moitié. — Pour récompense de mes peines, dis en sortant qu'on me monte à souper. (*Il s'asseoit.*) As-tu du tabac turc[1]? Tu me trouveras probablement ici demain matin. Allons, mon ami, en route! tu m'embrasseras en revenant. En route! en route! la nuit s'avance. (*Cœlio sort*[2]*[88].*)

OCTAVE, *seul*[3]. — Écris sur tes tablettes, Dieu juste, que cette nuit doit m'être comptée dans ton paradis. Est-ce bien vrai que tu as un paradis[4]? En vérité cette femme était belle et sa petite colère lui allait bien. D'où venait-elle? C'est ce que j'ignore[5]. Qu'importe comment la bille d'ivoire tombe sur le numéro[6] que nous avons appelé? Souffler une maîtresse à son ami, c'est une rouerie trop commune pour moi. Marianne ou toute autre, qu'est-ce que cela me fait[7]? La véritable affaire est de souper; il est clair que Cœlio est à jeun. Comme tu m'aurais détesté, Marianne, si je t'avais aimée[8]! comme tu m'aurais fermé ta porte! comme ton belître[9] de mari t'aurait paru un Adonis, un Sylvain[10], en comparaison de moi! Où est donc la raison de tout cela[11]? pourquoi la fumée de cette pipe[12] va-t-elle à droite plutôt qu'à gauche? Voilà la raison de tout. — Fou! trois fois fou à lier, celui qui calcule ses chances, qui met la raison de son côté! La justice céleste tient une balance dans ses mains. La balance est parfaitement juste, mais tous les poids sont creux. Dans l'un il y a une pistole[13], dans l'autre un soupir amoureux, dans celui-là une migraine[14], dans celui-ci il y a

---

1. Musset semble un peu oublier qu'il a situé l'action au XVIe siècle; **2.** Cf. Appendice, 7, p.75; **3.** Scène XVII en 1851; **4.** En 1851, l'auteur remanie tout ce début de tirade : « Ah! où vais-je aller à présent? J'ai fait quelque chose pour le bonheur d'autrui, qu'inventerai-je pour mon plaisir? Ma foi! voilà une belle nuit, et vraiment celle-ci doit m'être comptée. En vérité... »; **5.** Cf. p. 64, note I.Un peu de réflexion ou de curiosité aurait pu l'éclairer là-dessus : il agit quelque peu à la légère, en ne tenant compte que de l'immédiat; **6.** A la roulette. Octave emprunte naturellement ses images à la boisson ou aux jeux de hasard, qu'il pratique assidûment; **7.** Phrase supprimée en 1851; **8.** Réflexion aussi profonde que celle qui termine la pièce; **9.** *Belître :* terme usuel du langage comique du XVIIe siècle (dérivé du néerlandais; le sens primitif : « mendiant, gueux», a disparu et seul a subsisté le sens figuré de « stupide, sot »); **10.** *Adonis* est le type classique de la beauté masculine. On n'en peut dire autant de *Sylvain :* dieu champêtre latin, souvent confondu avec Pan ou Priape,et parfois représenté sous la forme d'un paysan grossier ou d'un Ægipan cornu. Musset en fait sans doute quelque berger d'Arcadie idéalisé; **11.** Cf. Appendice, 8, p. 76; **12.** Cf. note I ci-dessus; **13.** *Pistole :* ancienne monnaie d'or. Symbolyse ici, en général, le prestige de la fortune, ou les sommes glissées à un portier ou à une entremetteuse pour avoir accès auprès d'une belle; **14.** Mal de tête (du grec, proprement : « douleur de la moitié du crâne »). Explication symbolique, aux yeux d'Octave, des lubies et revirements semblables « au petit caprice de colère » de Marianne, qui changent la face des événements.

le temps qu'il fait, et toutes les actions humaines s'en vont de haut en bas, selon ces poids capricieux*(**89**).

Un domestique, *entrant*. — Monsieur, voilà une lettre à votre adresse; elle est si pressée, que vos gens l'ont apportée ici; on a recommandé de vous la remettre, en quelque lieu que vous fussiez ce soir.

Octave. — Voyons un peu cela. *(Il lit.)*

« Ne venez pas ce soir. Mon mari a entouré la maison « d'assassins, et vous êtes perdu s'ils vous trouvent.

« Marianne. »

Malheureux que je suis! qu'ai-je fait? Mon manteau! mon chapeau! Dieu veuille qu'il soit encore temps! Suivez-moi, vous, et tous les domestiques qui sont debout à cette heure. Il s'agit de la vie de votre maître. *(Il sort en courant*[**90**].)*

Scène V[1].

Le jardin de Claudio. — Il est nuit.

CLAUDIO, deux spadassins, TIBIA

Claudio. — Laissez-le entrer, et jetez-vous sur lui dès qu'il sera parvenu à ce bosquet[2].

Tibia. — Et s'il entre par l'autre côté?

Claudio. — Alors, attendez-le au coin du mur.

Un spadassin. — Oui, Monsieur.

Tibia. — Le voilà qui arrive[3]. Tenez, Monsieur. Voyez comme son ombre est grande! c'est un homme d'une belle stature.

Claudio. — Retirons-nous à l'écart, et frappons[4] quand il en sera temps. *(Entre Cœlio*[**91**].)*

Cœlio[5], *frappant à la jalousie*. — Marianne, Marianne, êtes-vous là?

1. Scène XIV en 1851; 2. Notation intéressante de décor (cf. I, 1 : voir p. 32, note 2). Les scènes d'amour et de nuit sont inséparables chez Musset d'un tel cadre (cf. *A quoi rêvent les jeunes filles* [II, VI], *On ne badine pas avec l'amour* [II, V], *Il ne faut jurer de rien* [actes II et III]); 3. Cf. Appendice, 9, p. 76; 4. L'édition Biré et Allem (Garnier, 1950) porte ici (tome Ier, p. 224) : « frappez », qui nous semble plus logique; ruse et lâcheté doivent naturellement achever le personnage de Claudio; 5. Scène XV en 1851. Indication scénique : « s'approchant du balcon ».

MARIANNE, *paraissant à la fenêtre*. — Fuyez, Octave; vous n'avez donc pas reçu ma lettre[1]?

CŒLIO. — Seigneur mon Dieu! Quel nom ai-je entendu?

MARIANNE. — La maison est entourée d'assassins; mon mari vous a vu entrer ce soir; il[2] a écouté notre conversation, et votre mort est certaine, si vous restez une minute encore.

CŒLIO. — Est-ce un rêve? suis-je Cœlio?

MARIANNE. — Octave, Octave[3], au nom du ciel ne vous arrêtez pas! Puisse-t-il être encore temps de vous échapper! Demain, trouvez-vous à midi dans un confessionnal de l'église, j'y serai. (*La jalousie se referme*★[92].)

CŒLIO[4]. — O mort! puisque tu es là, viens donc à mon secours. Octave, traître Octave, puisse mon sang retomber sur toi! Puisque[5] tu savais quel sort m'attendait ici, et que tu m'y as envoyé à ta place, tu seras satisfait dans ton désir. O mort! je t'ouvre les bras; voici le terme de mes maux. (*Il sort. On entend des cris étouffés et un bruit éloigné dans le jardin*[6]★[93].)

OCTAVE, *en dehors*. — Ouvrez, ou j'enfonce les portes!

CLAUDIO[7], *ouvrant, son épée sous le bras*. — Que voulez-vous?

OCTAVE. — Où est Cœlio?

CLAUDIO. — Je ne pense pas que son habitude soit de coucher dans cette maison.

---

1. Phrase supprimée en 1851; **2.** Texte remanié comme suit en 1851 : « ... mon mari a écouté notre... ». — Marianne fait preuve de quelque inconséquence : c'est lorsqu'elle a mandé Octave (scène III) que son mari l'a espionnée, et elle devait bien se douter qu'il était aux écoutes; elle a peut-être même cherché à provoquer l'incident (cf. p. 62, note 6) : comment donc n'a-t-elle pas songé à avertir Octave plus tôt?; **3.** Marianne, obsédée par la pensée du danger que court Octave, ne prend pas garde au nom prononcé par Cœlio : tragique quiproquo qui va hâter le dénouement, mais la connaissance de son véritable interlocuteur n'y changerait en vérité rien; **4.** Scène XVI en 1851. Indication scénique : « Tibia entre par le fond à droite, se glisse sans bruit sous le balcon, puis, derrière le pilier de la grille qui touche à la maison » : il coupe ainsi la retraite à Cœlio. En 1851, Musset ajoute : CŒLIO (*se démasquant et tirant son épée*) ; **5.** Fin de tirade remaniée en 1851 : « Dans quel but, dans quel intérêt tu m'as envoyé dans ce piège affreux, je ne le puis comprendre. Mais je le saurai, puisque j'y suis venu; et fût-ce aux dépens de ma vie, j'apprendrai le mot de cette horrible énigme. »; **6.** En 1851, l'auteur supprime ces indications : c'est le moment où Octave sort de l'auberge en monologuant (scène XVII : fin de la scène IV précédente) et intervient en entendant l'appel de Cœlio touché à mort; **7.** Scène XVIII en 1851.

3

OCTAVE. — Si tu l'as assassiné, Claudio, prends garde à toi; je te tordrai le cou de ces mains que voilà.

CLAUDIO. — Êtes-vous fou ou somnambule?

OCTAVE. — Ne l'es-tu pas toi-même, pour te promener à cette heure, ton épée sous le bras[1]*[(94)]!

CLAUDIO. — Cherchez dans ce jardin, si bon vous semble; je n'y ai vu entrer personne; et si quelqu'un l'a voulu faire, il me semble que j'avais le droit de ne pas lui ouvrir.

OCTAVE, *à ses gens*. — Venez, et cherchez partout[2]!

CLAUDIO, *bas à Tibia*. — Tout est-il fini, comme je l'ai ordonné[3]?

TIBIA. — Oui, Monsieur; soyez en repos, ils peuvent chercher[4] tant qu'ils voudront[5]. (*Tous sortent[6].*)

SCÈNE VI[7].

Un cimetière[8].

OCTAVE et MARIANNE, *auprès d'un tombeau*.

OCTAVE. — Moi seul au monde je l'ai connu. Cette urne d'albâtre, couverte de ce long voile de deuil, est sa parfaite image. C'est ainsi qu'une douce mélancolie voilait les perfections de cette âme tendre et délicate. Pour moi seul, cette vie silencieuse n'a point été un mystère. Les longues soirées que nous avons passées ensemble sont comme de fraîches oasis dans un désert aride[9]; elles ont versé sur mon cœur les seules gouttes de rosée qui y soient jamais tombées. Cœlio était la bonne partie de moi-même[10]; elle est remontée

---

1. Réplique supprimée en 1851; 2. Réplique supprimée en 1851; 3. Cœlio blessé, assailli de dos, a dû être achevé dans un coin du jardin; 4. Le cadavre, qui a été dissimulé, sera retrouvé ultérieurement (hors de chez Claudio), sinon la scène finale n'aurait pas de sens et les termes de « tombeau » et « urne » y seraient fort impropres; 5. En 1851, Musset ajoute ici une réplique : « CLAUDIO. — Maintenant songeons à ma femme, et allons prévenir sa mère. » C'est évidemment une menace contre Marianne et l'annonce d'une vengeance sanglante (cf. les craintes qu'exprime la jeune femme dans la scène finale de la version scénique); 6. Dans la version scénique, le plateau demeure vide, puis paraît Marianne, qui entame le monologue de la scène XIX (cf. Appendice, 10, p. 77); 7. Cf. Appendice, 10, p. 77; 8. Décor éminemment shakespearien (cf. *Hamlet*, acte V); 9. Encore un rythme d'alexandrin. L'image est familière à Musset (cf. dans la *Première Lettre de Dupuis et Cotonet*, la tirade du clerc: « ... la citerne sous les palmiers... »); 10. C'est ici à coup sûr Musset lui-même qui ouvre son cœur (cf. Notice, pp. 21-22).

au ciel avec lui. C'était un homme d'un autre temps ; il connaissait les plaisirs, et leur préférait la solitude ; il savait combien les illusions sont trompeuses, et il préférait ses illusions à la réalité. Elle eût été heureuse, la femme qui l'eût aimée.

MARIANNE. — Ne serait-elle point heureuse, Octave, la femme qui t'aimerait ?

OCTAVE. — Je ne sais point aimer ; Cœlio seul le savait[1]. La cendre que renferme cette tombe est tout ce que j'ai aimé sur la terre, tout ce que j'aimerai. Lui seul savait verser dans une autre âme toutes les sources de bonheur qui reposaient dans la sienne. Lui seul était capable d'un dévouement sans bornes ; lui seul eût consacré sa vie entière à la femme qu'il aimait, aussi facilement qu'il aurait bravé la mort pour elle[2]. Je ne suis qu'un débauché sans cœur ; je n'estime point les femmes ; l'amour que j'inspire est comme celui que je ressens, l'ivresse passagère d'un songe. Je ne sais pas les secrets qu'il savait[3]. Ma gaieté est comme le masque d'un histrion ; mon cœur est plus vieux qu'elle, mes sens blasés n'en veulent plus. Je ne suis qu'un lâche ; sa mort n'est point vengée[4]*(95).

MARIANNE. — Comment aurait-elle pu l'être, à moins de risquer votre vie ? Claudio est trop vieux pour accepter un duel, et trop puissant dans cette ville pour rien craindre de vous.

OCTAVE. — Cœlio m'aurait vengé si j'étais mort pour lui, comme il est mort pour moi. Ce tombeau m'appartient[5] : c'est moi qu'ils ont étendu sous cette froide pierre ; c'est pour moi qu'ils avaient aiguisé leurs épées ; c'est moi qu'ils ont tué. Adieu la gaieté de ma jeunesse, l'insouciante folie, la vie libre et joyeuse au pied du Vésuve ! Adieu les bruyants repas, les causeries du soir, les sérénades sous les balcons dorés ! Adieu Naples et ses femmes, les mascarades à la lueur des torches, les longs soupers à l'ombre des forêts[6] ! Adieu l'amour et l'amitié ! ma place est vide sur la terre[7].

---

1. Nouvel alexandrin ; 2. Cf. le monologue de Cœlio, acte II, scène II ; 3. Ce secret, c'est la sincérité absolue du sentiment ; 4. Ces pensées désenchantées annoncent *Lorenzaccio* (cf. Notice, p. 23) ; 5. Encore le rythme de l'alexandrin ; 6. Hémistiche racinien (*Phèdre*, I, III, v. 176) ; 7. Rythme octosyllabique, poursuivi dans la réplique suivante.

" Je ne vous aime pas,
Marianne ; c'était Coelio
qui vous aimait "
(acte II, scène VI).

tration d'Eugène Lami pour
Les Caprices de Marianne.

Phot. X.

MARIANNE. — Mais non pas dans mon cœur, Octave. Pourquoi dis-tu : Adieu l'amour★**(96)** ?

OCTAVE. — Je ne vous[1] aime pas, Marianne ; c'était Cœlio qui vous aimait[2]★**(97-98)**.

---

1. Noter l'opposition du « vous » au tutoiement dont a usé Marianne depuis le début de la scène ; **2.** Selon Faguet (XIXᵉ siècle, *Etudes littéraires : Alfred de Musset*, IV), cette réplique est un « mot profond, le plus vrai peut-être que Musset ait trouvé ».

APPENDICE

1. — *En 1851, l'auteur reporte cette réplique en tête de la scène suivante et enchaîne directement avec la scène III primitive (cf. Appendice, 3) : la scène II de 1833 constitue la fin de l'acte.*

2. — *En 1851, il remanie cette fin de scène et termine ainsi l'acte I :*

HERMIA. — ... on trouva dans sa chambre le pauvre jeune homme frappé d'un coup d'épée.

CŒLIO. — Il a fini ainsi?

HERMIA. — Oui, bien cruellement.

CŒLIO. — Non, ma mère, elle n'est point cruelle, la mort qui vient en aide à l'amour sans espoir. La seule chose dont je le plaigne, c'est qu'il s'est cru trompé par son ami.

HERMIA. — Qu'avez-vous, Cœlio? Vous détournez la tête.

CŒLIO. — Et vous, ma mère, vous êtes émue. Ah! ce récit, je le vois, vous a trop coûté. J'ai eu tort de vous le demander.

HERMIA. — Ne songez point à mes chagrins, ce ne sont que des souvenirs. Les vôtres me touchent bien davantage. Si vous refusez de les combattre, ils ont longtemps à vivre dans votre jeune cœur. Je ne vous demande pas de me les dire, mais je les vois; et puisque vous prenez part aux miens, venez, tâchons de nous défendre. Il y a à la maison quelques bons amis, allons essayer de nous distraire. Tâchons de vivre, mon enfant, et de regarder gaiement ensemble, moi le passé, vous l'avenir. — Venez, Cœlio, donnez-moi la main. *(Ils sortent par le fond à droite.)*

3. — *En 1851, l'auteur ajoute ici deux scènes de raccord :*

SCÈNE VI.

OCTAVE, *seul.* — Ma foi! Ma foi! elle a de beaux yeux[1]. Ah! voici Claudio. Ce n'est pas tout à fait la même chose, et je ne me soucie guère de continuer la conversation avec lui.

SCÈNE VII.

TIBIA, CLAUDIO, OCTAVE

CLAUDIO, *à Tibia.* — Tu as raison...

OCTAVE, *à Claudio.* — Bonsoir, cousin.

---

1. Dernière réplique de la scène 1 primitive en 1851; Musset ajoute une indication scénique : « Voyant entrer Claudio par le fond, à droite, et prenant son domino et sa batte sur la table, puis passant à l'extrême droite. »

CLAUDIO. — Bonsoir. *(A Tibia.)* Tu as...

OCTAVE. — Cousin, bonsoir. *(Il sort.)*

CLAUDIO. — Bonsoir, bonsoir.

4. — *En 1851, l'auteur remplace cette dernière phrase par le passage suivant, qui précède les deux scènes tirées de la scène II primitive :*

TIBIA. — Monsieur, la voici justement.

CLAUDIO. — Qui? ma belle-mère?

TIBIA. — Non, Hermia, notre voisine. Ne parliez-vous pas d'elle, tout à l'heure?

CLAUDIO. — Oui, comme étant la mère de ce Cœlio, et c'est la vérité, Tibia.

TIBIA. — Eh bien! Monsieur, elle vient de ce côté avec un, deux et trois laquais; c'est une femme respectable.

CLAUDIO. — Oui, ses biens sont considérables.

TIBIA. — J'entends aussi qu'elle a de bonnes mœurs. Si vous l'abordiez, Monsieur?

CLAUDIO. — Y penses-tu? La mère d'un jeune homme que je serai peut-être obligé de faire poignarder ce soir même! Sa propre mère, Tibia! Je ne reconnais pas là ton habitude des convenances. Viens, Tibia, rentrons au logis.

5. — *Depuis cette réplique* (1851), *l'auteur développe et remanie profondément toute la scène :*

OCTAVE. — Eh! que diantre as-tu à faire de la mort? à propos de quoi y penses-tu?

CŒLIO. — Mon ami, je l'ai devant les yeux.

OCTAVE. — La mort?

CŒLIO. — Oui, l'Amour et la Mort.

OCTAVE. — Qu'est-ce à dire?

CŒLIO. — L'Amour et la Mort, Octave, se tiennent la main : celui-là est la source du plus grand bonheur que l'homme puisse rencontrer ici-bas, celle-ci met un terme à toutes les douleurs, à tous les maux.

OCTAVE. — C'est un livre que tu as là?

CŒLIO. — Oui, et que tu n'as probablement pas lu.

OCTAVE. — Très probablement. Quand on en lit un, il n'y a pas de raison pour ne pas lire tous les autres.

CŒLIO, *lisant.* — « Lorsque le cœur éprouve secrètement un profond sentiment d'amour, il éprouve aussi comme une fatigue et une langueur qui lui font désirer de mourir. Pourquoi ? je ne sais[1]. »

OCTAVE. — Ni moi non plus.

CŒLIO, *lisant*. — « Peut-être est-ce l'effet d'un premier amour, peut-être que ce vaste désert où nous sommes effraye les regards de celui qui aime, peut-être que cette terre ne lui semble plus habitable, s'il n'y peut trouver ce bonheur nouveau, unique, infini, que son cœur lui représente. »

OCTAVE. — Ah ça ! mais à qui en as-tu ?

CŒLIO, *lisant*. — « Le paysan, l'artisan grossier qui ne sait rien, la jeune fille timide, qui frémit d'ordinaire à la seule pensée de la mort, s'enhardit lorsqu'elle aime jusqu'à porter un regard sur un tombeau. » Octave, la mort nous mène à Dieu, et mes genoux plient quand j'y pense. Bonsoir, cher ami.

OCTAVE. — Où vas-tu ?

CŒLIO. — J'ai affaire en ville, ce soir ; adieu, fais ce que tu voudras.

OCTAVE. — Tu as l'air d'aller te noyer. Mais cette mort dont tu parles, est-ce que tu en as peur, par hasard ?

CŒLIO. — Ah ! que j'eusse pu me faire un nom dans les tournois et les batailles ! Qu'il m'eût été permis de porter les couleurs de Marianne et de les teindre de mon sang ! Qu'on m'eût donné un rival à combattre, une armée entière à défier ! Que le sacrifice de ma vie eût pu lui être utile ! Je sais agir, mais je ne sais pas parler. Ma langue ne sert point mon cœur, et je mourrai sans m'être fait comprendre comme un muet dans une prison[2].

OCTAVE. — Voyons, Cœlio, à quoi penses-tu ? Il y a d'autres Mariannes sous le ciel ; soupons ensemble et moquons-nous de cette Marianne-là.

CŒLIO. — Adieu, adieu, je ne puis m'arrêter plus longtemps. Je te verrai demain, mon ami[3]. *(Il sort.)*

SCÈNE III. — OCTAVE, *seul*.

OCTAVE. — Cœlio, écoute donc ! Nous te trouverons une Marianne bien gentille, douce comme un agneau. En vérité, voilà

---

1. Musset cite ici en note (au prix d'un anachronisme criant) ces vers : *Quando novellamente — nasce nel cor profondo...*, tirés du poème *Amore e Morte*, de Leopardi (1798-1837) ; il en traduit par la bouche de Cœlio les vers 27-39 et 62-74. Musset, qui aimait et relisait assidûment les vers du grand romantique italien, « sentait que l'âme de Leopardi était la sœur de la sienne » (Paul de Musset) : après avoir songé à un article sur lui qu'il laissa inachevé, il lui consacra quelques belles strophes du poème *Après une lecture* (novembre 1842). Cœlio incarne bien, par certains traits, la mélancolie passionnée et ce « charme de la mort » *(la gentilezza del morir)* du grand inspiré de Recanati ; 2. Tirade reprise de la scène II, acte II, primitive ; 3. Ces deux phrases sont tirées de la scène I, acte II, primitive.

qui est étrange. N'importe, je ne céderai pas. Je suis comme un homme qui tient la banque d'un pharaon pour le compte d'un autre et qui a la veine contre lui : il noierait plutôt son meilleur ami que de céder, et la colère de perdre avec l'argent d'autrui l'enflamme cent fois plus que ne le ferait sa propre ruine! Ah! voici Marianne qui sort. Elle va sans doute à vêpres... elle approche lentement[1].

6. — *En* 1851, *Musset modifie comme suit toute cette tirade :*

MARIANNE. — Je veux me mettre à la mode, Octave, je veux prendre un cavalier servant. N'est-ce pas ainsi que cela s'appelle? Si je vous ai bien compris tout à l'heure, ne me reprochiez-vous pas, avec votre bouteille, de me montrer trop sévère et d'éloigner de moi ceux qui m'aiment? Soit, je consens à les entendre. Je suis menacée, je suis outragée, et, je vous le demande, l'ai-je mérité?

OCTAVE. — Non, assurément, tant s'en faut!

MARIANNE. — Je ne sais ni mentir ni tromper personne, et c'est justement pour cette raison que je ne veux pas être contrainte; et, Sigisbé ou Patito[2], quelle femme, en Italie, ne souffre auprès d'elle ceux qui essayent de lui parler d'amour sans qu'on voie à cela ni crime ni mensonge? Vous dites qu'on me donne des concerts et que je laisse les gens dans la rue? Eh bien, je les y laisserai encore, mais ma jalousie sera entr'ouverte, je serai là, j'écouterai.

OCTAVE. — Puis-je répéter à Cœlio?...

MARIANNE. — Cœlio ou tout autre, peu m'importe... Que me conseillez-vous, Octave? Voyez, je m'en rapporte à vous. Eh bien, vous ne parlez pas? Je vous dis que je le veux... Oui, ce soir même, j'ai envie qu'on me donne une sérénade, et il me plaira de l'entendre. Je suis curieuse de voir si on me le défendra. *(Lui donnant un nœud de rubans de sa robe.)* Tenez, voilà mes couleurs... qui vous voudrez les portera.

OCTAVE. — Marianne! Quelle que soit... *Ibid.*

7. — *En* 1851, *l'auteur modifie comme suit la fin du dialogue :*

OCTAVE. — ... une chanson sous sa fenêtre; un bon manteau bien long, un poignard dans la poche, un masque sur le nez... As-tu un masque?

CŒLIO. — Non.

1. Ces derniers mots, dans la scène I, acte II, primitive, sont placés dans la bouche de Ciuta; 2. Cf. p. 38, note 8. Un *patito* est un amoureux transi, un souffre-douleur qui pâtit des caprices de sa dame (mot italien dérivé du verbe latin *patire*, qui signifie « souffrir », tiré du latin *pati*, même sens. On le rapprochera de l'emploi curieux de la forme verbale « pâtira » comme substantif plaisant cité dans le *Dictionnaire français-latin* de J. Thierry, 1564).

OCTAVE. — Point de masque? Amoureux, et en carnaval! Ce garçon-là ne pense à rien. Va donc t'équiper au plus vite.

CŒLIO. — Ah! mon Dieu! le cœur me manque.

OCTAVE. — Courage, mon ami! En route! tu m'embrasseras en revenant. En route! en route! la nuit s'avance. *(Cœlio sort.)* Le cœur lui manque, dit-il!... et à moi aussi, car je n'ai dîné qu'à moitié. Pour récompense de mes peines, je vais me donner à souper. *(Appelant.)* Hai! Holà! Giovanni! Beppo!... *(Il rentre à l'auberge.)*

Ce passage est suivi de la scène XIV (acte II, scène V primitive).

8. — *A partir de ces mots* (1851), *l'auteur abrège et remanie considérablement la fin de la scène, car Cœlio est déjà arrivé au rendez-vous et tombé dans le guet-apens de Claudio.*

OCTAVE. — ... la raison de tout cela? La raison de tout c'est la fortune! Il n'y a qu'heur et malheur en ce monde. Cœlio n'était-il pas désolé ce matin, et maintenant... *(On entend un bruit sourd et un cliquetis d'épée dans le jardin.)* Qu'ai-je entendu? Quel est ce bruit?

CŒLIO, *d'une voix étouffée, dans le jardin.* — A moi!..

OCTAVE. — Cœlio! c'est la voix de Cœlio! *(Courant à la grille et la secouant.)* Ouvrez, ou j'enfonce la grille!

Ce passage est suivi de la scène XVIII (acte II, fin de la scène V primitive).

9. — *En* 1851, *Musset modifie comme suit tout ce début de scène :*

CLAUDIO, *aux spadassins.* — Laissez-le entrer, et jetez-vous sur lui dès qu'il sera parvenu à ce bosquet. *(Un des spadassins sort.)*

MARIANNE, *sur le balcon, à part.* — Que vois-je? mon mari et Tibia!

TIBIA, *à Claudio.* — Et s'il entre par l'autre côté?

CLAUDIO. — Comment, Tibia, par l'autre côté! Verrais-je ainsi échouer tout mon plan?

MARIANNE, *à part.* — Que disent-ils?

TIBIA. — Cette place étant un carrefour, on peut y venir à droite et à gauche.

CLAUDIO. — Tu as raison; je n'y avais pas songé.

TIBIA. — Que faire, Monsieur, s'il arrive par la gauche?

CLAUDIO. — Alors, attendez-le au coin du mur.

MARIANNE, *à part.* — O ciel! Qu'ai-je entendu?

TIBIA. — Et s'il se présente par la droite?

CLAUDIO. — Attendez un peu.. Vous ferez la même chose. *(L'autre spadassin sort.)*

MARIANNE, *à part*. — Comment avertir Octave?

TIBIA. — Le voilà qui arrive...

10. — *Cette scène est l'une des plus profondément remaniées dans la version scénique de 1851, qui présente le texte suivant :*

SCÈNE XIX.

MARIANNE, *seule*. — Cela est certain; je ne me trompe pas — j'ai bien vu, j'ai bien entendu. Derrière la maison, à travers les arbres, j'ai vu des ombres dispersées çà et là, se joindre tout à coup, et fondre sur lui. J'ai entendu le bruit des épées, puis un cri étouffé, le plus sinistre, le dernier appel! — Pauvre Octave! tout brave qu'il est (car il est brave), ils l'ont surpris, ils l'ont entraîné. Est-il possible, est-il croyable qu'une pareille faute soit payée si cher? Est-il possible que si peu de bon sens puisse donner tant de cruauté? Et moi qui ai agi si légèrement, si follement par pure plaisanterie, par pur caprice! — Il faut que je le voie, il faut que je sache...

SCÈNE XX. — MARIANNE, OCTAVE

Octave entre, l'épée à la main, en regardant de tous côtés.

MARIANNE. — Octave, est-ce vous?

OCTAVE. — C'est moi, Marianne. — Cœlio n'est plus!

MARIANNE. — Cœlio, dites-vous? Comment se peut-il?

OCTAVE. — Il n'est plus!

MARIANNE. — O ciel!

OCTAVE. — Il n'est plus! N'allez pas par là!

MARIANNE. — Où voulez-vous que j'aille? Je suis perdue! Il faut partir, Octave, il faut fuir! — Claudio sûrement n'est pas dans la maison?

OCTAVE. — Non; ils ont pris leurs précautions, et m'ont laissé prudemment seul.

MARIANNE. — Je le connais, je suis perdue, et vous peut-être aussi... Partons! ils vont revenir, et tout à l'heure.

OCTAVE. — Partez si vous voulez; je reste. S'ils doivent revenir ils me trouveront, et, quoi qu'il advienne, je les attendrai. Je veux veiller près de lui dans son dernier sommeil.

MARIANNE. — Mais moi, m'abandonnerez-vous? Savez-vous à quel danger vous vous exposez, et jusqu'où peut aller leur vengeance?

OCTAVE. — Regardez là-bas, derrière ces arbres, cette petite place sombre, au coin de la muraille; là est couché mon seul ami; quant au reste, je ne m'en soucie guère.

MARIANNE. — Pas même de votre vie, — ni de la mienne ?

OCTAVE. — Pas même de cela. Regardez là-bas !... Moi seul au monde je l'ai connu. Posez sur sa tombe une urne d'albâtre couverte d'un long voile de deuil, ce sera sa parfaite image. C'est ainsi qu'une douce mélancolie voilait les perfections de cette âme tendre et délicate... Elle eût été heureuse la femme qui l'eût aimé !

MARIANNE. — L'aurait-il défendue si elle avait couru un danger ?

OCTAVE. — Oui, sans nul doute, il l'aurait fait ! — Lui seul était capable d'un dévouement sans bornes ; lui seul eût consacré sa vie entière à la femme qu'il aimait aussi facilement qu'il a bravé la mort pour elle.

MARIANNE. — Et vous, Octave, ne le feriez-vous pas ?

OCTAVE. — Moi ? — Moi, je ne suis qu'un débauché sans cœur ; je n'estime point les femmes. L'amour que j'inspire est comme celui que je ressens, l'ivresse passagère d'un songe. Ma gaieté n'est qu'un masque ; mon cœur est plus vieux qu'elle ! Ah ! je ne suis qu'un lâche ! Sa mort n'est point vengée ! *(Il jette à terre son épée.)*

MARIANNE. — Comment aurait-elle pu l'être ?... Claudio est trop vieux pour accepter un duel, et trop puissant dans cette ville pour rien craindre de vous.

OCTAVE. — Cœlio m'aurait vengé, si j'étais mort pour lui comme il est mort pour moi. Son tombeau m'appartient ; c'est moi qu'ils ont étendu dans cette sombre allée ; c'est pour moi qu'ils avaient aiguisé leurs épées ; c'est moi qu'ils ont tué !... Adieu la gaieté de ma jeunesse, l'insouciance folie, la vie joyeuse et libre au pied du Vésuve ! Adieu les bruyants repas, les causeries du soir, les sérénades sous les balcons dorés ! Adieu Naples et ses femmes, les mascarades à la lueur des torches, les longs soupers à l'ombre des forêts ! Adieu l'amour et l'amitié ! Ma place est vide sur la terre.

MARIANNE. — En êtes-vous bien sûr, Octave ? Pourquoi dites-vous : adieu l'amour ?

OCTAVE. — Je ne vous aime pas, Marianne ; c'était Cœlio qui vous aimait.

RIDEAU

DOCUMENTATION THÉMATIQUE

réunie par la Rédaction des Nouveaux Classiques Larousse

PORTIA

On trouve, même s'il est impossible d'établir précisément l'origine des *Caprices de Marianne,* dans les œuvres qui précèdent, certains thèmes et situations identiques. Dans *Portia,* par exemple, dont nous donnons un extrait ci-dessous, Musset a utilisé le paysage italien et décrit un époux jaloux de sa jeune femme.

I

Les premières clartés du jour avaient rougi
L'Orient, quand le comte Onorio Luigi
Rentra du bal masqué. — Fatigue ou nonchalance,
La comtesse à son bras s'appuyait en silence,
Et d'une main distraite écartait ses cheveux
Qui tombaient en désordre, et voilaient ses beaux yeux.
Elle s'alla jeter, en entrant dans la chambre,
Sur le bord de son lit. — On était en décembre,
Et déjà l'air glacé des longs soirs de janvier
Soulevait par instant la cendre du foyer.
Luigi n'approcha pas toutefois de la flamme
Qui l'éclairait de loin. — Il regardait sa femme ;
Une idée incertaine et terrible semblait
Flotter dans son esprit, que le sommeil troublait.
Le comte commençait à vieillir. — Son visage
Paraissait cependant se ressentir de l'âge
Moins que les passions qui l'avaient agité.
C'était un Florentin ; jeune, il avait été
Ce qu'on appelle à Rome un coureur d'aventure.
Débauché par ennui, mais triste par nature,
Voyant venir le temps, il s'était marié ;
Si bien qu'ayant tout vu, n'ayant rien oublié, —
Pourquoi ne pas le dire ? il était jaloux. — L'homme
Qui vit sans jalousie, en ce bas monde, est comme
Celui qui dort sans lampe ; il peut sentir le bras
Qui vient pour le frapper, mais il ne le voit pas.

Pour le palais Luigi, la porte en était libre.
Le comte eût mis en quatre et jeté dans le Tibre
Quiconque aurait osé toucher sa femme au pied ;
Car nul pouvoir humain, quand il avait prié,
Ne l'eût fait d'un instant différer ses vengeances.

Il avait acheté du ciel ses indulgences ;
On le disait du moins. — Qui dans Rome eût pensé
Qu'un tel homme pût être impunément blessé ?
Mariée à quinze ans, noble, riche, adorée,
De tous les biens du monde à loisir entourée,
N'ayant dès le berceau connu qu'une amitié,
Sa femme ne l'avait jamais remercié ;
Mais quel soupçon pouvait l'atteindre ? Et qu'était-elle,
Sinon la plus loyale et la moins infidèle
Des épouses ?

Luigi s'était levé. Longtemps
Il parut réfléchir en marchant à pas lents.
Enfin, s'arrêtant court : « Portia, vous êtes lasse,
Dit-il, car vous dormez tout debout. — Moi, de grâce ?
Prit-elle en rougissant ; oui, j'ai beaucoup dansé.
Je me sens défaillir malgré moi. — Je ne sais,
Reprit Onorio, quel était ce jeune homme
En manteau noir ; il est depuis deux jours à Rome.
Vous a-t-il adressé la parole ? — De qui
Parlez-vous, mon ami ? dit Portia. — De celui
Qui se tenait debout à souper, ce me semble,
Derrière vous ; j'ai cru vous voir parler ensemble.
Vous a-t-on dit quel est son nom ? — Je n'en sais rien
Plus que vous, dit Portia. — Je l'ai trouvé très bien,
Dit Luigi, n'est-ce pas ? Et gageons qu'à cette heure,
Il n'est pas comme vous défaillant, que je meure ;
Joyeux plutôt. — Joyeux ? sans doute ; et d'où vous vient,
S'il vous plaît, ce dessein d'en parler qui vous tient ?
— Et, prit Onorio, d'où ce dessein contraire,
Lorsque j'en viens parler, de vous en vouloir taire ?
Le propos en est-il étrange ? Assurément
Plus d'un méchant parleur le tient en ce moment.
Rien n'est plus curieux ni plus gai, sur mon âme,
Qu'un manteau noir au bal. — Mon ami, dit la dame,
Le soleil va venir tout à l'heure, pourquoi
Demeurez-vous ainsi ? Venez auprès de moi.
— J'y viens, et c'est le temps, vrai Dieu, que l'on achève
De quitter son habit quand le soleil se lève !
Dormez si vous voulez, mais tenez pour certain
Que je n'ai pas sommeil quand il est si matin.
— Quoi, me laisser ainsi toute seule ? J'espère
Que non, — n'ayant rien fait, seigneur, pour vous déplaire.

— Madame », dit Luigi s'avançant quatre pas, —
Et comme hors du lit pendait un de ses bras,
De même que l'on voit d'une coupe approchée
Se saisir ardemment une lèvre séchée,
Ainsi vous l'auriez vu sur ce bras endormi
Mettre un baiser brûlant, — puis, tremblant à demi :
« Tu ne le connais pas, ô jeune Vénitienne !
Ce poison florentin qui consume une veine,
La dévore, et ne veut qu'un mot pour arracher
D'un cœur d'homme dix ans de joie, et dessécher
Comme un marais impur ce premier bien de l'âme,
Qui fait l'amour d'un homme, et l'honneur d'une femme !
Mal sans fin, sans remède, affreux, que j'ai sucé
Dans le lait de ma mère, et qui rend insensé.
— Quel mal ? dit Portia.

— C'est quand on dit d'un homme
Qu'il est jaloux. Ceux-là, c'est ainsi qu'on les nomme.
— Maria ! dit l'enfant, est-ce de moi, mon Dieu !
Que vous seriez jaloux ?

— Moi, madame ! à quel lieu ?
Jaloux ? vous l'ai-je dit ! sur la foi de mon âme,
Aucunement ! jaloux pourquoi donc ? Non, madame,
Je ne suis pas jaloux ; allez, dormez en paix. »

Comme il s'éloignait d'elle à ce discours, après
Qu'il se fut au balcon accoudé d'un air sombre
(Et le croissant déjà pâlissait avec l'ombre),
En regardant sa femme, il vit qu'elle fermait
Ses bras sur sa poitrine, et qu'elle s'endormait.

Qui ne sait que la nuit a des puissances telles,
Que les femmes y sont, comme les fleurs, plus belles,
Et que tout vent du soir qui les peut effleurer
Leur enlève un parfum plus doux à respirer ?
Ce fut pourquoi, nul bruit ne frappant son ouïe,
Luigi, qui l'admirait si fraîche épanouie,
Si tranquille, si pure, œil mourant, front penché,
Ainsi qu'un jeune faon dans les hauts blés couché,
Sentit ceci, — qu'au front d'une femme endormie
Il n'est âme si rude et si bien affermie
Qui ne trouve de quoi voir son plus dur chagrin

Se fondre comme au feu d'une flamme l'airain.
Car, à qui s'en fier, mon Dieu! si la nature
Nous fait voir à sa face une telle imposture,
Qu'il faille séparer la créature en deux,
Et défendre son cœur de l'amour de ses yeux!

Cependant que, debout dans son antique salle,
Le Toscan sous sa lampe inclinait son front pâle,
Au pied de son balcon il crut entendre, au long
Du mur, une voix d'homme, avec un violon. —
Sur quoi, s'étant sans bruit avancé sous la barre,
Il vit distinctement deux porteurs de guitare, —
L'un inconnu, — pour l'autre, il n'en pouvait douter,
C'était son manteau noir, — il le voulut guetter.
Pourtant rien ne trahit ce qu'en sentit son âme,
Sinon qu'il mit la main lentement à sa lame,
Comme pour éprouver, la tirant à demi,
Qu'ayant là deux rivaux, il avait un ami. —

Tout se taisait. Il prit le temps de reconnaître
Les traits du cavalier; puis, fermant sa fenêtre
Sans bruit, et sans que rien sur ses traits eût changé,
Il vit si dans le lit sa femme avait bougé.
— Elle était immobile, et la nuit défaillante
La découvrait au jour plus belle et plus riante.
Donc notre Florentin, ayant dit ses avés
Du soir, se mit au lit. — Frère, si vous avez
Par le monde jamais vu quelqu'un de Florence,
Et de son sang en lui pris quelque expérience,
Vous savez que la haine en ce pays n'est pas
Un géant comme ici fier et levant le bras;
C'est une empoisonneuse en silence accroupie
Au revers d'un fossé, qui de loin vous épie,
Boiteuse, retenant son souffle avec sa voix,
Et, crainte de faillir, s'y prenant à deux fois.

JUGEMENTS
SUR « LES CAPRICES DE MARIANNE »

Extraits de la presse contemporaine (1851).

Inspiration licencieuse.

> Jamet,
> *Moniteur universel* (16 juin)

[...] ce rêve atroce et charmant [...] il est impossible d'écrire avec plus de goût, de jeunesse et de bonheur cette symphonie orageuse du printemps [...] Marianne, c'est la bête féroce aux instincts si divers.

> J. Janin,
> *les Débats* (16 juin).

[L'auteur] a la monomanie de l'esquisse.

> H. de Jailly,
> *le Corsaire* (17 juin).

Cette action lente et brusquée [...] cette métaphysique subtile [...] cette prose qui a presque tort d'être prose, lorsqu'elle est toute poésie.

> Ed. Thierry,
> *l'Assemblée nationale* (17 juin).

L'exquise perfection du langage, les merveilles de ce style si ferme et si fin, clair comme la prose de Molière, spirituel comme les concetti de Shakespeare, éloquent comme la poésie de Byron, et l'agilité d'oiseau de ce dialogue qui, du terre-à-terre d'un détail ou d'une plaisanterie, vous emporte d'un coup d'aile insensible dans l'azur infini de l'idéal [...] On sort de là comme de la vision d'un sommeil de fièvre, le cœur gonflé, les yeux brûlants, l'âme en peine, en proie aux indéfinissables sensations du rêve.

> Paul de Saint-Victor,
> *le Pays* (17 juin)

Le sentiment de la couleur, l'instinct de la perspective, le secret du mouvement scénique.

> J. de Premaray,
> *la Patrie* (18 juin).

Cette pièce [...] est conçue dans la liberté toute shakespearienne de la comédie romanesque.

Th. Gautier,
(juin 1851).

XXᵉ SIÈCLE

On veut que Musset soit un imitateur de Shakespeare. Il n'en est rien. La fantaisie de l'auteur d'*Hamlet* est bizarre, confuse, noyée dans les brumes du Nord. La fantaisie de l'auteur des *Caprices de Marianne* est souriante, ailée, et, comme l'abeille de nos jardins de France, elle se joue dans un rayon de soleil.

E. Biré,
Notice à l'édition des Œuvres de Musset
(collection Garnier, 1907-1908).

Mille innovations que nous ne remarquons même plus en lisant les *Caprices de Marianne*, les [les hommes de 1830] blessaient comme des sacrilèges; cette originalité que nous aimons, eux la ressentaient comme un défi. [...] (p. 269-270).

Elle [la prose théâtrale de Musset] a le génie de la conversation. Une conversation semée de couplets sans doute; mais les personnages de Musset n'en sont pas moins les seuls qui parlent sur notre scène du XIXᵉ siècle, ou peu s'en faut. En deuxième lieu, cette prose est parfumée de poésie. Elle trouve, pour tous les sentiments, des images de plein lyrisme; elle ne recule jamais devant un symbolisme délicat. Faut-il rappeler la discussion d'Octave et de Marianne, sous la tonnelle ? Ils sont là dans une attitude qui nous les livre : lui, assis à sa table, le verre à demi vidé; une atmosphère de gaîté flotte autour de lui, jusqu'aux pieds de Marianne, et sans l'envelopper toutefois. Car elle se tient au bord de la tonnelle, un peu raide, son livre d'oraisons à la main. Leur causerie se poursuit, semée de gestes que le verre de l'un et le missel de l'autre rendent plus suggestifs [...] Qui donc a raison ? Musset leur prête, à chacun, des arguments de même poids, une éloquence de même qualité. L'essentiel c'est que les deux personnages aient conversé, que les deux thèses aient été exposées, — et avec quelle poésie! Cette prose a en effet un nombre qui fait songer au vers [...] (p. 273).

Dans *les Caprices*, nous nous trouvons en présence d'une étude psychologique orientée vers l'amour; et cet amour, on nous le montre à la fois comme un jeu redoutable et comme le seul épanouissement de l'âme humaine [...] (p. 417).

Songeons aux *Caprices de Marianne* ; qu'y trouvons-nous ? une jeune femme, lasse de son grison de mari, consent à le tromper; deux jeunes gens s'offrent à son choix l'un, plein d'amour, mais inexpérimenté, l'autre qui garde la pleine maîtrise de soi et qui reste indifférent; mais il a l'expérience des femmes, le discours direct et hardi, un détachement qui pique l'amour-propre, ce qu'il faut d'impertinence, et c'est lui qu'on préfère. La sincérité de Cœlio, ses supplications et ses larmes n'obtiennent rien; mais il suffirait d'un acquiescement complice pour qu'Octave soit l'heureux élu. C'est qu'il n'aime pas. En amour, le plus épris est souvent celui qu'on dédaigne : telle était la leçon des *Caprices*. (p. 510).

P. Gastinel,
le Romantisme d'Alfred de Musset
(Paris, 1933).

La pièce a été écrite rapidement, sans construction préalable. L'auteur a posé une situation, trois caractères, et s'est laissé conduire [...] Loin d'exploiter à fond son sujet, il s'est contenté de l'effleurer, et sa hâte même avec sa légèreté sont une des causes de sa réussite : il a réduit au minimum les inutilités et les remplissages, et a dégagé avec une aisance parfaite les quelques moments essentiels. [...] Ces rencontres, et comme ces hasards de l'intrigue, sont plus fertiles en leçons que les coups trop bien calculés par un auteur trop logique [...]

Qu'Octave et Cœlio soient les deux faces de Musset, on l'a trop dit pour qu'il soit utile de le répéter. Que Marianne soit capricieuse, cela demande plus d'attention. Elle est froide, elle est dévote [...] elle est sage [...] par orgueil [...] cet orgueil qui empêche la femme de suivre son cœur et lui fait préférer la solitude ou un amant moins aimé à la crainte de ne pas avoir une victoire assez belle [...], cet orgueil que Musset avait déjà conçu comme le vice essentiel de la femme. [...] Y a-t-il caprice en cela? Pas le moins du monde. [...] Faiblesse peut-être. Un Octave imprévu tombe dans sa vie; elle découvre qu'il y aurait quelque satisfaction d'amour-propre à le rendre amoureux; il refuse; elle insiste : point de caprice à cela. Marianne est l'ébauche de Camille. [...]

La comédie de caractère s'élève un instant (II, IV) à la méditation philosophique [...] : mêmes réflexions que Figaro sous les arbres du parc. Le monde n'est que hasard, disait celui-ci; le monde n'est que caprice, dit Octave [...] Cette conception d'un monde illogique, incompréhensible, capricieux restera toujours celle de l'auteur.

Ph. Van Tieghem,
Musset, l'homme et l'œuvre
(Paris, 1945, pp. 61-63).

QUESTIONS SUR LE PREMIER ACTE

SCÈNE PREMIÈRE. — **1.** Imaginez (et au besoin dessinez) le décor et les costumes.

2. Intérêt de ce détail concret.

3. Pourquoi use-t-elle de cette appellation ?

4. La suite de la comédie vérifie-t-elle ces menaces ?

5. Étudiez dans ce qui précède le comportement et les sentiments des personnages ; imaginez leurs jeux de scène. Quels renseignements nous apporte ce début de scène : peut-on le qualifier d'exposition ?

6. Le terme est-il approprié ?

7. Ce « monde » est-il Cœlio et Ciuta ?

8. Valeur comique de cette question.

9. Analysez le raisonnement de Claudio : portée comique de cette logique de l'absurde.

10. Quel trait de caractère révèle cette phrase ?

11. Valeur comique des trois dernières répliques.

12. Esquissez le caractère de Claudio et Tibia ; analysez en quoi ils sont ridicules.

13. Étudiez la pensée et le style de ce couplet lyrique.

14. Étudiez la correspondance des répliques.

15. Expliquez pourquoi.

16. Ton et valeur des plaisanteries d'Octave.

17. Comparez cette tirade à celle d'Octave : montrez comment la différence du ton et du style souligne la différence des caractères. Valeur pittoresque et poétique des précisions fournies par Cœlio. La phraséologie romantique chez Cœlio.

18. Est-il très vraisemblable qu'Octave ignore tout de Marianne et des amours de Cœlio ?

19. Importance de ce détail pour la suite de l'action.

20. Précisez le sens de cette phrase.

21. Analysez les qualités poétiques de cette réplique.

22. Dégagez les idées exprimées dans cette tirade, et les indications qu'elle fournit sur le caractère de Cœlio.

23. Valeur dramatique de ces indications : rapprochez de la fin de l'entretien (avant l'entrée de Marianne).

24. Octave tiendra-t-il sa promesse ?

25. Étudiez, dans tout l'entretien précédent, comment se présentent les caractères des deux jeunes gens : leurs qualités, leurs défauts, leur antithèse. Leurs propos ont-ils complété l'exposition, et en quoi ? L'action est-elle engagée ?

26. Comparez au langage de Ciuta : en quoi Octave est-il plus habile ?

27. Les procédés de rhétorique dans ce plaidoyer.

28. Marianne n'a-t-elle vraiment pas deviné ?

29. Comparez à la première tirade de Ciuta : qu'ajoute Octave ?

30. Montrez comment Marianne utilise à une autre fin le même argument qu'avait employé Tibia.

31. Les deux interlocuteurs prennent-ils dans le même sens le verbe qu'ils emploient tous deux ?

32. Étudiez dans le dialogue entre Octave et Marianne la correspondance des répliques. Analysez le caractère de Marianne en sa première manifestation : quelle part d'artifice et de sincérité ? Quels sentiments lui dictent son attitude envers la déclaration de son cousin ?

33. Étudiez la composition d'ensemble de la scène. Sa valeur comme exposition ; sa portée dans l'action.

Scène II. — **34.** Hermia appelle Cœlio « mon cher enfant », comme Octave l'avait fait : le ton et les intentions sont-ils les mêmes ? Comment expliquer cette similitude ?

35. Le récit d'Hermia : sa composition ; son intérêt dramatique ; que nous apprend-il sur le caractère d'Hermia ?

36. Ni Hermia ni Malvolio ne reparaîtront dans la suite de la pièce : pourquoi Musset les a-t-il introduits ici ? Comment peut-on justifier l'ensemble de cette scène par rapport à l'action et à l'étude des caractères ?

— Analysez le caractère d'Hermia : doit-on la juger sévèrement ? Est-elle une bonne mère ? Les rapports entre mère et fils d'après cette scène.

— Le caractère de Malvolio est-il suffisamment indiqué ? Quels traits l'individualisent ?

Scène III. — **37.** Quel intérêt présente la mention de la mère de Marianne ? Qu'a-t-elle dit à Claudio ? En quel sens comprendre son attitude ?

38. Étudiez la suite des idées sous le décousu des répliques : quels effets comiques en tire Musset ?

39. La confidence et les réticences de Marianne : quels seront leurs retentissements sur la suite de la comédie ? Pourquoi Marianne ne communique-t-elle pas à son mari la réponse qu'elle a faite à Octave ? Pourquoi Claudio ne retient-il que cela de ses propos ? Étudiez le comportement de cette épouse devant son mari · est-il vivant, naturel, sympathique ?

40. Comparez attentivement cette scène au premier entretien de Claudio et Tibia : les ressemblances, les différences, le retournement des situations ou des arguments.

— Quelles indications complémentaires nous apporte cette scène sur les deux personnages ? Analysez les composantes exactes de leur ridicule. La niaiserie de Tibia est-elle entièrement sympathique ?

Questions d'ensemble sur l'acte premier. — Étudiez la composition. Analysez les qualités de l'exposition et suivez les progrès de l'action.

— Le dosage du comique et du sérieux.

— Comment se présentent les principaux personnages à la fin de cet acte ? Récapitulez les traits dominants de leurs caractères.

— L'art d'animer les figurants (Ciuta, Malvolio, Tibia, Hermia).

— La part de la confession lyrique et du romantisme dans cet acte.

QUESTIONS SUR LE DEUXIÈME ACTE

SCÈNE PREMIÈRE. — **41.** Qu'y a-t-il d'exact en cette description du caractère de Cœlio ? Ciuta ne force-t-elle pas la note ? dans quelle intention ?

42. D'où vient ce sentiment (Octave n'a pas encore rencontré Claudio dans la pièce) ?

43. L'entrée de Cœlio est-elle logique, après la réplique précédente de Ciuta ?

44. D'où peut provenir cette défiance (cf. I, I) ? Ciuta n'y serait-elle pas pour quelque chose ?

45. Est-ce une ruse de guerre ? quel en peut être l'effet ?

46. Ces affirmations sont-elles sincères ?

47. Étudiez le développement de la comparaison.

48. La multiplicité des comparaisons dans les répliques précédentes crée-t-elle de l'incohérence ou de l'obscurité ? Étudiez leur appropriation.

49. Appréciez les affirmations contenues en ce début de phrase.

50. Sens de cette interruption : est-elle valable ?

51. Mettez en ordre les arguments de Marianne et discutez le bien-fondé de ses conceptions morales : sont-elles légitimes de sa part et parfaitement cohérentes ? Étudiez le ton de ses tirades : l'émotion, la colère, l'élan lyrique, la flamme persuasive.

52. Comment expliquer ces sentiments en Octave ?

53. Quel serait le sens courant de l'expression ? Que veut dire Claudio ?

54. Analysez les procédés stylistiques et la valeur de ce dialogue entre Octave et Claudio : parallélismes, plaisanteries, expressions neuves ou rajeunies. Sa portée comique et psychologique ; apporte-t-il quelque chose à l'action ?

55. Quel passage de la pièce désigne ce « tout à l'heure » ? Est-ce le même qui sera désigné un peu plus bas par « ce matin » ?

56. Est-ce absolument exact ?

57. Valeur dramatique de ce serment.

58. Est-ce vérité ou simple prétexte ? Si c'est vrai, quelle peut être cette affaire ?

59. Quels sont alors les sentiments de Cœlio ? Comment expliquer sa sortie brusquée ? Étudiez l'amitié de Cœlio pour Octave : vous semble-t-elle répondre par ses manifestations au dévouement d'Octave ?

60. Portée dramatique de cette simple phrase.

61. Octave a déjà essayé de cet argument : peut-il vraiment porter sur Cœlio ?

62. Marianne a-t-elle un motif valable d'entamer la conversation ? Quels mobiles peuvent la pousser ?

63. Étudiez le persiflage chez Marianne : sous une apparence plaisante et décousue, ne sait-elle pas fort bien où elle veut en venir ?

64. Suivez dans le détail le développement de la comparaison : est-ce une simple comparaison ? Sa valeur poétique, son exactitude.

65. Cette conclusion se relie-t-elle, et comment, à ce qui précède ?

66. Étudiez la composition d'ensemble de cet entretien entre Octave et Marianne : dans le duel dialectique qui les oppose, analysez la progression des raisonnements et la force des arguments. Lequel des deux, à votre avis, a le dessus ?

67. Étudiez la composition d'ensemble de cette scène : a-t-elle fait progresser l'action ? a-t-elle approfondi les caractères ?

SCÈNE II. — **68.** Cette réapparition de Ciuta est-elle nécessaire ? Présente-t-elle un intérêt pour la conduite de l'action ?
— Comment juger le personnage de Ciuta (cf. I, 1 et II, 1) ?

69. Montrez comment ce bref monologue résume le caractère de Cœlio. Il prétend « savoir agir » : l'a-t-il prouvé ?

SCÈNE III. — **70.** A quel endroit de la pièce se réfère cette remarque ?

71. Est-ce bien sûr ? ne peut-il le savoir autrement ? Quels traits de caractère implique tout cela ? est-ce sympathique ? comique ?

72. Cette réplique ne manque pas de cynisme ? En quoi ?

73. Sur quoi peuvent se fonder les deux interlocuteurs pour juger ainsi Octave ? n'est-ce pas un peu illogique ?

74. Ce conseil ne resterait-il pas valable, même placé dans une autre bouche que celle de Claudio ?

75. Imaginez ce qu'entend Claudio par les menaces qu'il profère tout au long de la scène. Cela ne confère-t-il pas quelque invraisemblance à la venue prochaine d'Octave dans le même lieu ?

76. Précisez l'importance de ce dialogue dans l'action.

77. Analysez les sentiments de Marianne en ce monologue.

78. Est-ce le fond de sa pensée que livre ici Marianne ?

79. Que signifie l'adoucissement apporté par Marianne au début de sa phrase ?

80. Octave peut-il comprendre le revirement de la jeune femme ? Peut-il y croire ?

81. Octave est-il prudent de ne témoigner ici d'aucune curiosité ?

82. Analysez le plan et le mouvement de cette tirade ; dégagez les arguments de ce plaidoyer : sont-ils tous également valables ?

Relevez le caractère dramatique de certaines notations. L'élan lyrique du couplet est-il tel que Marianne puisse s'y tromper (cf. sa réponse) ?

83. Quel est le sens de ce sourire ? Comment Octave l'interprète-t-il ?

84. Comment justifier l'exclusive jetée par Marianne contre Cœlio ? N'a-t-elle pas une raison secrète pour cela ?

85. Le ton et la situation sont-ils ici ceux de la comédie ? Cherchez des termes de comparaison dans le théâtre classique.

86. Marianne et Octave ont déjà eu, depuis le début de la pièce, trois entretiens avant celui-ci : étudiez l'évolution de leur situation et de leurs sentiments réciproques au cours de ces quatre rencontres. Montrez en quoi ce dernier dialogue marque un progrès décisif. Quels traits de caractère a-t-il révélés ou confirmés ?

87. Faites le point de la situation à la fin de cette scène : montrez en quoi elle est le moment culminant de l'action.

Scène IV. — **88.** Les réactions de Cœlio devant la nouvelle que lui apporte Octave sont-elles conformes à ce que nous savons de son caractère ? Comparez à son comportement antérieur (I, 1 ; II, 1 et II, 11). Comment expliquer que « le cœur lui manque » ? Imaginez ses sentiments entre sa sortie ici et sa rentrée à la scène suivante.

89. Analysez dans le détail le monologue d'Octave : montrez l'agencement et le progrès des idées jusqu'à la fin. Ce couplet est-il, à votre sens, le résumé philosophique de la pièce ? Est-ce la philosophie de l'auteur qui s'exprime là ? A quoi se réduit-elle en définitive ? Les sentiments du jeune homme : montrez ce qui témoigne de son trouble ; quelles sont les raisons de cet état peu coutumier chez lui ? Comment interpréter la phrase : « Comme tu m'aurais détesté... » ?

90. Valeur dramatique du billet de Marianne : le spectateur est-il surpris ? Octave devrait-il l'être ? Quelle est sa part de responsabilité ?

Scène V. — **91.** Ce début de scène vous paraît-il plus dramatique dans le texte de 1833 ou dans celui de 1851 ?

92. Expliquez précisément les raisons et les conséquences de la double méprise entre Cœlio et Marianne. Qu'indique sur les sentiments de la jeune femme le rendez-vous qu'elle donne pour le lendemain ?

93. De quel nom peut-on qualifier le comportement final de Cœlio ?

94. Quelles ustifications peut avancer Claudio de la présence d'une épée sous son bras ? Est-ce une maladresse de sa part ? Il ne reparaîtra plus : quels pourront être ses actes futurs ?

Scène VI. — **95.** Analysez la confession d'Octave ; montrez la délicatesse et la justesse de ses sentiments. Le portrait qu'il trace de lui est-il véridique ? Est-il absolument sincère ou cherche-t-il à se faire illusion ? Est-il exact, comme il le dit, que Cœlio soit mort pour lui ?

96. Le comportement de Marianne est-il logique ? est-il sympathique ? Quel est le fond de ses sentiments à la fin de la pièce ?

97. Comment interpréter la réplique finale ? Étudiez les diverses nuances qu'a données Musset au verbe « aimer » au cours de la comédie.

98. Pourquoi cette scène, et non la précédente, constitue-t-elle le véritable dénouement de la comédie ?

— Étudiez le ton et l'ambiance de ce tableau ; soulignez le contraste avec les scènes antérieures.

— Comparez attentivement ce tableau et la scène xx de 1851 : pourquoi Musset a-t-il si profondément remanié cette scène ? y a-t-elle perdu ou gagné, à votre avis ?

QUESTIONS D'ENSEMBLE SUR L'ACTE II. — Étudiez l'agencement de l'action dans les scènes III à V en particulier.

— Le dosage du sérieux et du comique.

— Quels traits nouveaux de caractère ont enrichi la peinture des personnages principaux ?

— La part du romantisme en cet acte.

— Comparez les cinq rencontres d'Octave et de Marianne.

— Étudiez quel emploi Musset fait du monologue.

— Étudiez tout au long de cet acte l'art de parler par images et d'animer les idées abstraites par des visions concrètes.

SUJETS DE DEVOIRS

Narrations, lettres, dialogues.

— Narration ou lettre d'Octave à un ami : il raconte l'issue tragique de l'aventure en justifiant son rôle, et les événements postérieurs que vous pouvez imaginer (le sort de Marianne, par exemple, et celui d'Hermia; voir acte II, scènes v et vi et les scènes correspondantes de la version scénique d'après les notes et les appendices).

— *Sous le ciel de Naples...*, roman policier. — Racontez la découverte du cadavre, l'enquête du podestat (pas Claudio, évidemment), les hypothèses, les pistes, les interrogatoires jusqu'à l'établissement de la vérité et à la reconstitution du crime. (*N. B.* Ne pas tenir compte du billet de Marianne et de la fin de la scène v de l'acte II.)

— Le procès de Claudio. Octave a pu, grâce à de puissants appuis, l'accuser devant le sénat ou la cour royale de la ville : son réquisitoire, les témoignages, la défense de Claudio, le verdict.

— Quatre lettres qu'Hermia n'a jamais achevées ni envoyées : à Octave et à Marianne avant le drame; aux mêmes, après.

— Une autre « scène sous la tonnelle » : le garçon d'auberge a « rapporté la demoiselle rousse qui est toujours à sa fenêtre ». Tout en buvant, Octave lui conte les événements auxquels il est mêlé, lui fait part des sentiments contradictoires qui l'animent, et trace le portrait sympathique ou railleur des principaux intéressés.

— Quelques scènes inédites en marge des *Caprices de Marianne* : entre Claudio et sa belle-mère (plusieurs sont possibles, avec ou sans Tibia), entre celle-ci et Marianne, Marianne et Tibia, Marianne et Hermia, Octave et Hermia, etc.

— Vous imaginerez que Cœlio a, par miracle, échappé au guet-apens; lorsque arrive Octave, alerté par Marianne, c'est lui qui est tombé sous les coups des spadassins. Refaites la scène finale à partir de ces données.

Dissertations.

— Deux abonnés à la *Revue des Deux Mondes* viennent de lire la livraison du 15 mai 1833; ils consignent leurs impressions dans leur journal intime (ou, par lettre, en font part à quelque ami). Extrayez quelques pages de ces journaux (vous pouvez choisir un jeune romantique et une « perruque » classique, ou un jeune homme et une jeune femme).

— On dit que Musset est romantique par le cœur et classique par l'esprit : l'étude des *Caprices de Marianne* permet-elle de confirmer ce jugement ?

— Un admirateur passionné du poète des *Nuits* vient d'assister à la première des *Caprices de Marianne* : il écrit à l'auteur. Tout en lui témoignant sa joie de voir que justice est enfin rendue à l'auteur dramatique, il manifeste une surprise légèrement indignée : il n'a pas reconnu le texte qu'il avait tant prisé à la lecture. Vous composerez sa lettre (et vous pourrez y joindre la réponse du poète).

— Expliquez, en l'appliquant aux *Caprices de Marianne*, ce jugement de Brunetière : « Maintenant, est-ce bien du théâtre ? Je n'en sais rien [...], je n'oserais l'affirmer. Ni l'idée [...] ni le sujet même ne sont toujours ici assez clairs; les préparations sont insuffisantes; et Musset, en sa qualité de romantique, intervient trop souvent de sa personne dans l'action... »

— Musset a déclaré lui-même, après l'échec de *la Nuit vénitienne*, qu'il ne se soucierait plus des lois du théâtre. Vous chercherez, en examinant une scène des *Caprices de Marianne*, s'il a tenu parole.

— La comédie des *Caprices de Marianne* vérifie-t-elle les principes de la *Préface de Cromwell* et correspond-elle aux définitions du romantisme que proposera Musset dans la première *Lettre de Dupuis et Cotonet* ?

— Essayez d'analyser très sincèrement les éléments et la qualité du plaisir que vous éprouvez à la représentation ou à la lecture d'une pièce d'Alfred de Musset.

(*N. B.* — Prenez comme exemple *les Caprices de Marianne*.)

— Que préférez-vous en Musset, le poète des *Nuits* ou l'auteur des *Comédies et Proverbes* ? Dites les raisons de votre préférence.

— Discutez (en vous appuyant principalement sur *les Caprices de Marianne*) cette opinion d'un critique contemporain : « Ce qui survit victorieusement de Musset, c'est son théâtre. »

— « Pas d'œuvres littéraires qui vieillissent aussi vite que les comédies », a dit un critique. Un tel jugement vaut-il pour *les Caprices de Marianne* ?

— La fantaisie poétique et l'observation dans les comédies de Musset. Comment ces deux éléments opposés en apparence peuvent-ils concourir à la vérité de l'ensemble ?

— Trouve-t-on dans *les Caprices de Marianne* ce qui est, selon un écrivain contemporain, la caractéristique de Musset : « ... le culte de la passion, de la liberté et de la fantaisie, ce besoin de confidences et de lyrisme, cette conception de la poésie unie aux aventures de la vie qui constituent l'état d'âme romantique ? »

— L'étude des *Caprices de Marianne* infirme-t-elle ou confirme-t-elle à votre sens la boutade bien connue de Musset s'en prenant au théâtre classique :

> « Toujours le cœur humain pour modèle et pour loi :
> Le cœur humain de qui ? le cœur humain de quoi ?
> Celui de mon voisin a sa manière d'être;
> Mais, morbleu, comme lui j'ai mon cœur humain, moi ! »

— Étudiez, au cours de la pièce, l'évolution des trois caractères principaux : Musset l'a-t-il rendue vraisemblable, et comment ?

— Un « dialogue des morts » : Musset, Octave et Cœlio se retrouvent sous les « petits arbres » (et les saules, bien entendu...) de quelque bosquet élyséen, et se complaisent à souligner leurs analogies et leurs différences (prière de laisser le dernier mot à l'auteur).

— Lequel, d'Octave ou de Cœlio, vous paraît être un héros romantique ?

— Une précieuse affection relie les deux héros des *Caprices de Marianne* : lequel choisiriez-vous pour ami ?

— On a parlé de la « cruauté » des personnages féminins de Racine : peut-on appliquer ce terme aux héroïnes de Musset ?

— Quelles sont les sources du comique dans les *Caprices de Marianne* ?

— Estimez-vous que l'on puisse appliquer à ses propres comédies l'appréciation que portait Musset sur le théâtre de Molière :

   « Quelle mâle gaieté, si triste et si profonde
   Que, lorsqu'on vient d'en rire, on devrait en pleurer ? »

— Par une étude attentive du détail, et en vous reportant aux notes et à l'appendice, vous expliquerez et vous jugerez les transformations apportées en 1851 par Musset à son texte primitif (l'action, les personnages, la forme).

— La peinture de la jalousie sénile et grotesque : comparez Claudio à Arnolphe et à don Ruy Gómez da Silva.

— En quel sens peut-on appliquer aux *Caprices de Marianne* ce mot de Heine sur Musset : « La muse de la Comédie l'a baisé sur les lèvres, et la muse de la Tragédie sur le cœur. »

TABLE DES MATIÈRES

Imprimerie Hérissey. — 27000 Évreux.
Dépôt légal : Février 1975. — N° 44106. — N° de série Éditeur 14330.
Imprimé en France (Printed in France). — 870125 G-Janvier 1988.

un dictionnaire de la langue française pour chaque niveau :

NOUVEAU DICTIONNAIRE DU FRANÇAIS CONTEMPORAIN ILLUSTRÉ
sous la direction de Jean Dubois

• 33 000 mots : enrichi et actualisé, tout le vocabulaire qui entre dans l'usage écrit et parlé de la langue courante et que les élèves doivent savoir utiliser à l'issue de la scolarité obligatoire.
• 1 062 illustrations : un apport descriptif complémentaire des définitions et qui permet l'introduction de termes plus spécialisés n'appartenant pas au vocabulaire courant ou ne nécessitant pas d'explication autre que celle de l'image.
• Un dictionnaire de phrases autant qu'un dictionnaire de mots, comme dans l'édition précédente, selon les mêmes principes de description du lexique et du fonctionnement de la langue.
• Le dictionnaire de la classe de français (90 tableaux de grammaire, 89 tableaux de conjugaison).

Un volume cartonné (14 × 19 cm), 1 296 pages.

LAROUSSE DE LA LANGUE FRANÇAISE lexis
sous la direction de Jean Dubois

Avec plus de 76 000 mots des vocabulaires courant, classique et littéraire, technique ou scientifique , c'est le plus riche des dictionnaires de la langue en un seul volume.
Par la diversité de ses informations sur les mots, par la construction raisonnée de ses articles et par son dictionnaire grammatical, c'est un instrument de pédagogie active : il s'adresse aussi à tous ceux qui veulent comprendre le fonctionnement de la langue et acquérir la maîtrise des moyens d'expression.

Nouvelle édition illustrée : un volume relié (15,5 × 23 cm), 2 126 pages dont 90 planches d'illustrations par thèmes.

GRAND LAROUSSE DE LA LANGUE FRANÇAISE
7 volumes sous la direction de L. Guilbert, R. Lagane et G. Niobey; avec le concours de H. Bonnard, L. Casati, J.-P. Colin et A. Lerond

Un dictionnaire unique parce qu'il réunit :
• la description la plus complète du vocabulaire général, scientifique et technique, classique et littéraire, avec prononciation, syntaxe et remarques grammaticales, étymologie et datations, définitions avec exemples et citations, synonymes, contraires, etc.;
• la documentation la plus riche sur la grammaire et la linguistique : près de 200 articles (à leur ordre alphabétique) donnant une analyse détaillée des diverses théories, passées ou actuelles, sur les principaux concepts grammaticaux et linguistiques;
• un traité de lexicologie exposant les principes de la formation des mots et la construction des unités lexicales.

7 volumes reliés (21 × 27 cm).

*GRAND DICTIONNAIRE ENCYCLOPÉDIQUE
10 volumes en couleurs

Avec le G.D.E., vous êtes à bonne école : fondamentalement nouveau et d'une richesse unique, cet ouvrage permet à chacun d'approcher et de comprendre toutes les connaissances et les formes d'expression du monde actuel qui, en moins d'une génération, se sont complètement transformées.

Il est à la fois :

dictionnaire pratique de la langue française
Il définit environ 100 000 mots de vocabulaire et indique la façon de s'en servir, en rendant compte de l'évolution rapide de la langue, il constitue une aide à s'exprimer, un outil de vérification constant par ses explications;

dictionnaire des noms propres
Avec plus de 80 000 noms de lieux, personnes, institutions, œuvres, il rassemble une information considérable sur la géographie, l'histoire, les sociétés, les faits de culture et de civilisation du monde entier, à toutes les époques, en fonction des sources de connaissance les plus récentes et les plus sûres;

dictionnaire encyclopédique
Il présente et éclaire les réalités associées au sens des mots. Ainsi, il renseigne sur les activités humaines, sur les idées, sur le monde physique et tout ce qui participe à l'univers qui nous entoure. Dans toutes les disciplines, les informations encyclopédiques expliquent le domaine propre à chacun des sens techniques, en fonction des progrès de la recherche et des modifications des vocabulaires scientifiques;

... et documentation visuelle
L'illustration, abondante et variée, est essentiellement en couleurs : dessins et schémas, photographies, cartographie, adaptés à chaque sujet. Elle apporte une précision et un éclairage complémentaires à ce grand déploiement du savoir-exploration.

10 volumes reliés (19 x 28 cm), plus de 180 000 articles, environ 25 000 illustrations. Bibliographie.

079 A9 FM 1222
11/07/06 44400 MC